AF474329

LA
MÉDECINE POLITIQUE
OU
SYSTÈME PHYSIQUE ET MORAL
DES CORPS POLITIQUES,

DÉMONTRANT LES CAUSES DES RÉVOLUTIONS, DE LA DÉCADENCE ET DE LA CHUTE DES EMPIRES, ET LA NÉCESSITÉ ABSOLUE D'INNOVER POUR OPÉRER LE SALUT DE LA FRANCE;

ADRESSÉ

AUX MINISTRES DU ROI,

PAR ALEXANDRE CREVEL,

Auteur de l'*Essai philosophique sur le Grand Art de gouverner un État*, etc., et *d'une Adresse à la Chambre des Députés.*

Vitam impendere vero.

Descends du haut des cieux auguste vérité,
Répands sur mes écrits ta force et ta clarté!

PARIS,

CHEZ PLANCHER, Éditeur des OEuvres complètes de Voltaire, en trente-cinq tomes *in*-12; RUE SERPENTE, n° 14;
DELAUNAY, Libraire, AU PALAIS-ROYAL, Gal. de bois.

7 FÉVRIER 1817.

IMPRIMERIE DE MADAME VEUVE JEUNEHOMME,
RUE HAUTEFEUILLE, N° 20.

AUX
MINISTRES DU ROI.

MESSIEURS,

Les Souverains et leurs Ministres sont trop éloignés des sujets pour connaître leurs besoins. Ainsi que les Rois, les Ministres ont leurs adulateurs qui leur déguisent la vérité. Un citoyen obscur, attentif observateur, ami de son gouvernement et de sa patrie, connaît mieux la situation intérieure de son pays que le Monarque et les Ministres.

« O vous! dit un éloquent et judicieux académicien, dans son *Éloge de Sully;* ô vous! qui voulez connaître et guérir les maux d'un Etat, sortez de vos palais! Assis à vos tables voluptueuses, vous ignorez qu'il y a des milliers d'hommes qui meurent de faim. Dans les cours et autour du trône, le peuple est toujours heureux, un royaume est toujours florissant. C'est lorsqu'on voit les sillons de la campagne abandonnés, les charrues brisées, les chaumières désertes, ou qui tombent en ruines; c'est lorsqu'on foule l'herbe qui couvre les rues solitaires des villes; c'est lorsqu'on rencontre, sur les grands chemins, des pères, des mères, de jeunes enfans qui fuient tous ensemble le doux sol de la patrie, pour aller chercher des alimens sous un ciel plus heureux; c'est alors que l'humanité s'éveille, que le cœur se serre, que les larmes coulent; c'est alors que l'on commence à concevoir que la cour n'est point l'Etat, et que l'opulence de quelques hommes ne fait pas le bonheur de vingt millions de citoyens. »

Ce tableau de la misère publique est la fidèle peinture de notre situation. O France! viens jeter sur lui tes regards! Reconnais ton image, et recule d'effroi en apercevant tes longs cheveux épars, ton front ridé, ton teint livide, tes traits altérés par le malheur, ton sein desséché, ce sein qui devait nourrir tes enfans, ton cœur blessé dangereusement, tes plaies saignantes, ton corps débile et souffrant, tes bras sans mouvement, et tes jambes qui semblent chanceler! Derrière le tableau, tu verras ton ame combattre avec la mort, et parer les coups de la faulx du temps.

O ma patrie! tu portes un poison dans ton sein, et tu demandes un antidote! Moi, qui suis ton enfant, je le cherche partout pour la *troisième fois*.

C'est à vous, Messieurs, que je viens demander ce contre-poison; à vous, envers lesquels ma patrie n'est point une marâtre; c'est à vous que la piété filiale ordonne de le lui administrer.

Elevés sur le grand théâtre des affaires publiques, cachés par le rideau de la grandeur qui vous dérobe à mes regards, vous ne pouvez, par l'effet des distances, entendre la voix d'un citoyen obscur, qui n'a point à vous offrir le nom de ses ancêtres, ses titres, son rang dans l'Etat, et le tableau de ses domaines; vous ne pouvez l'apercevoir dans la foule du parterre où la vertu est l'égale du vice.

Je suis forcé de crier, pour que ma demande retentisse au milieu de vos lambris dorés. Je souhaite que l'écho de vos vastes salons la répète cent fois à vos oreilles, pour détourner un moment votre attention de vos immenses occupations. Si mes vœux sont exaucés, vous méditerez, je n'en puis douter, les vérités et les réflexions qu'un bon Français va vous soumettre dans l'intérêt du Roi, dans l'intérêt de l'Etat, dans votre intérêt même.......

J'ai l'honneur de vous offrir l'assurance de ma considération la plus distinguée.

Votre très-humble

Et très-obéissant serviteur,

ALEXANDRE CREVEL.

LA MÉDECINE POLITIQUE, OU SYSTÈME PHYSIQUE ET MORAL DES CORPS POLITIQUES.

RÉFLEXIONS PRÉLIMINAIRES.

SINCÈRE ami de mon gouvernement et de mon pays, j'ai publié dernièrement deux ouvrages dans lesquels j'ai cherché les moyens qu'il serait urgent d'employer pour guérir les maux qui affligent ma patrie agonisante.

Au nom de patrie agonisante, le cœur d'un bon Français est ému : son ame s'élève, son imagination s'enflamme, son esprit cherche des idées, son jugement les combine, sa plume les trace sur le papier, sa main les livre à la presse, sa voix réclame l'attention, son oreille écoute, et son corps, frémissant entre la crainte et l'espérance, attend impatiemment la sentence des juges pour éprouver un sentiment de joie ou de douleur.

Les gouvernemens et les administrations générales reçoivent rarement, par les intermédiaires, des renseignemens exacts sur la véritable situation des États.

Lorsque le duc de Bourgogne, père de Louis XV, voulut connaître les besoins des provinces, la nature de leurs ressources, les documens que lui transmirent les intendans, furent souvent contradictoires avec les rapports faits postérieurement à ce prince philosophe, par les commissaires qu'il envoya sur divers points du royaume.

Sully, en arrivant au ministère, ne connut pas l'état de la France; il fit lui-même des voyages pendant lesquels il marcha au devant de la vérité, égarée dans le labyrinthe créé par les passions, l'adulation et les intérêts particuliers. C'est au milieu de ses excursions que Sully réussit à rassembler les matériaux avec lesquels il contruisit l'édifice du bonheur public, en jetant les fondemens d'une sage et prévoyante administration.

La France, à cette époque, était, comme elle l'est aujourd'hui, en proie aux dissentions, et l'État se trouvait ébranlé par les secousses que lui avaient fait ressentir quarante années de guerres civiles; son sol venait d'être ravagé par un fer dévastateur, et ruiné par la présence de nombreux combattans. L'esprit de parti divisait toutes les classes de citoyens; les factions religieuses partageaient le corps politique en deux corps distincts; les dettes de l'État s'élevaient à près de neuf cent millions, somme considérable pour ce temps, eu égard aux ressources, à la population et à l'étendue du territoire; la nation était engagée envers la Hollande, l'Angleterre et la Suisse, qui avaient fourni des vaisseaux, des subsides et des troupes à Henri IV pour l'aider à surmonter les obstacles que lui présentait sans cesse le parti de la Ligue; les soldats réclamaient l'arriéré de leur solde; les pensionnaires et les créanciers de l'État, leurs rentes et les arrérages; des engagemens avaient été contractés envers les chefs ligueurs, pour prix de leur soumission et de leur obéissance; la situation alarmante des finances devenait désespérante par l'effet des maux causés par les déprédations du fisc et des sangsues publiques; le peuple était plongé dans la misère, les ressources épuisées, et le crédit anéanti; enfin, la ruine de la France paraissait presque inévitable; elle l'eût été, en effet, si Sully, si bien secondé par la confiance et les vertus de son roi, n'eût apparu comme un consolateur qui venait répandre, sur les plaies de son pays, un baume qui les cicatrisa, et lui rendit la vie. *Tout périssait enfin lorsque Bourbon parut.*

La France se trouva bientôt à l'aurore de ses beaux jours; mais, privée tout-à-coup de son roi immolé par la main du fanatisme, et de son illustre bienfaiteur, son astre radieux disparut de l'horizon; son sol, cessant d'être fécondé, vit naître de lugubres cyprès dans ces lieux où croissait, où se plaisait l'olivier, à l'ombre duquel s'élevait une jeunesse qui devait un jour goûter ce bonheur dont jouissait l'antique Arcadie.

Les règnes de Louis XIII, de Louis XIV, de Louis XV et de Louis XVI, ne présentent à l'observateur que les résultats d'une administration vicieuse, étayée sur des principes erronés, et qu'une suite de calamités atténuées par quelques années de bonheur chimérique, une série de dettes publiques momentanément diminuées, et successivement accrues, résultat de la pratique d'un antique et défectueux système de finance, régénéré de nos jours : or, *les mêmes causes produisent, dans tous les temps, les mêmes effets.*

Les principes suivis jusqu'à ce jour se sont constamment éloignés de ceux de Sully, de ce grand ministre, qui, par une sage politique, sut concilier les esprits, réunir les partis, libérer l'Etat, régénérer et sauver sa patrie. Depuis cette époque, c'est-à-dire depuis plus deux de cents années, les sciences et les arts ont fait de rapides et d'étonnans progrès ; si, vers la fin du 16e siècle, Sully opéra des miracles, *que ne ferait pas Sully s'il vivait en* 1817.

Si Sully n'eût point innové, s'il n'eût pas suivi l'élan de son génie sans être intimidé par les obstacles, eût-il sauvé l'Etat, en suivant la même route que ses prédécesseurs.

La France, depuis dix-huit mois, demande un remède à ses maux qui s'aggravent de jour en jour ; sa prévention contre les topiques usités s'accrédite à un tel point, qu'elle donne l'application d'un nouvel appareil qui, seul, peut lui procurer le repos et le calme. On ne peut se dissimuler que notre situation politique, économique et financière, *empire au lieud e s'améliorer*. Réduisons les grandes questions de haute politique à leur plus simple expression, et nous reconnaîtrons que la continuité de nos malheurs ne peut être attribuée aux mauvaises intentions de l'administration générale et des membres qui la composent; mais qu'il est prouvé mathématiquement que le gouvernement ne peut réellement faire le bien, parce qu'il est dans fausse route, et que sa déviation des principes de la haute politique l'éloignent du but qu'il se propose d'atteindre. Que reste-t-il à faire dans des momens d'alarmes? Tous les bons citoyens doivent s'empresser d'éclairer le gouvernement et les ministres sur la véritable situation de la France; je me hâte d'acquitter ma dette, en soumettant aux ministres mes réflexions sur la solution des questions de politique élémentaire et de politique transcendante Afin de raisonner conséquemment et logiquement; je poserai succinctement les principes généraux sur lesquels doivent être établis les gouvernemens et les institutions des peuples, pour assurer invariablement leur prospérité et leur félicité; j'en ferai ensuite l'application à notre corps politique. J'examinerai quelle est la nature de sa maladie, ses causes, ses effets, et j'indiquerai les remèdes efficaces qui opéreraient sa guérison; j'établirai les rapports de la mécanique et de la statique mathématiques avec la mécanique et la statique politiques, et démontrerai l'accord des lois du mouvement physique et céleste avec celles du mouvement des corps politiques: *Tout est ordre dans le sublime ouvrage de l'auteur de la Nature.*

J'ai jeté mes idées sur le papier dans l'espace d'une quinzaine, afin de les livrer de suite à la presse avant la discussion du budget, époque à laquelle j'ai pensé que la chambre des députés saisirait cette occasion pour s'occuper du salut de l'Etat; car les finances influent plus qu'on ne le pense sur la destinée des empires, et sur la stabilité des gouvernemens.

Je n'ai pu en si peu de temps, présenter mon système tout à fait nouveau, avec l'étendue qu'il est susceptible de recevoir, et que je lui donnerai dans un ouvrage que je publierai plus tard, qui sera plus méthodique, et raisonné avec plus de maturité.

PROGRÈS DES CONNAISSANCES HUMAINES ET DE LA CIVILISATION. — ENFANCE DES PEUPLES. — INNOVATIONS.

Chaque siècle apporte avec lui un rayon de lumières. Les changemens dans les mœurs amènent des changemens dans les institutions, et les changemens dans les institutions influent sur les mœurs, les corrompent, ou les améliorent selon la nature des innovations et la sagesse avec laquelle elles sont opérées.

Les sociétés politiques parviennent, de l'état de nature et de barbarie, au premier dégré de civilisation ; la civilisation fait des progrès chez chaque peuple, à mesure que ses facultés intellectuelles se développent par l'extention de l'influence qu'exerce la raison sur ses actions.

Si la raison n'était qu'un préjugé, il n'existerait plus de principes, plus de guide certain pour diriger l'homme dans le chemin de la vie, et lui indiquer, dans ses rapports avec ses semblables, les devoirs qu'il a à remplir envers eux; le mot de vertu serait un mot vide de sens, qui ne représenterait aucune idée distincte ; l'honneur, l'équité, la probité, serait de vains titres, qui, cessant de constituer les bases de l'ordre social, il en résulterait déréglemens dans le corps politique, et, par contre coup, dissolution.

Si la civilisation et les connaissances humaines n'eussent fait aucun progrès, si l'on n'eut point innové depuis les premiers temps de notre monarchie, si nous eussions conservé les barbares et ridicules institutions de nos ancêtres et des siècles derniers, nos druïdes offriraient encore en sacrifice à l'Eternel, des enfans dans des corbeilles d'osier; nous rendrions la justice par les épreuves du feu et par les combats singuliers; nous brûlerions les prétendus sorciers; nous verrions une partie de notre population s'éloigner à l'envi du sol de la patrie, abandonnant vieillards, femmes, enfans, pour conquérir un coin de terre, en répandant à grands flots le sang humain qui arroserait les ronces et les épines de ces lointains climats; nous représenterions sur le théâtre politique les scènes siciliennes, les horreurs de la Saint-Barthélemi, ces tragédies religieuses qui offriraient en spectacle à nos regards farouches, des milliers de cadavres, et les corps ensanglantés de ces hommes que notre religion nous ordonne de regarder et d'aimer comme des frères. Notre roi tremblerait devant l'insolente audace des barons qu ioppriméraient leurs semblables en les tenant sous le joug le plus absolu, en disposant des fortunes et des revenus par des actes arbitraires.

Nous n'aurions point la jouissance assurée de notre propriété, et chaque citoyen, comme dans les premiers temps du règne de Saint-Louis, tyrannisé par les baillis et les sénéchaux, serait privé de la faculté de vendre librement ses denrées à son voisin; nous rendrions une justice arbitraire et vénale qui protégerait le fort contre le faible, ruinerait la veuve et dépouillerait l'orphelin; des supplices sanguinaires et barbares porteraient le cachet de la férocité; les affreuses tortures du dernier siècle arracheraient encore à l'innocent, l'aveu d'une culpabilité supposée, pour se soustraire à de nouveaux tourmens.

La torture interroge, et la douleur répond.

Si nous n'eussions point innové le gouvernement légitime, les héritiers de notre ancienne monarchie seraient chaque jour exposés à voir leurs sujets déliés du serment de fidélité, comme le faible Louis-le-Débonnaire, le fantasque Charles-le-Chauve et le timide Robert, ou seraient forcés, comme Philippe-Auguste, d'avoir des querelles religieuses avec un nouveau Boniface.

La liberté des cultes n'est-elle pas le résultat immédiat de la nécessité des innovations, puisque la consacration de ce principe condamne évidemment aujourd'hui les actions de nos anciens gouvernemens?

Les beaux-arts et les lettres qui fleurirent aux siècles de Périclès, d'Auguste et de Léon X, avaient perdu leur éclat, qui n'était point parvenu jusqu'à nous; ils reçurent en France leur premier lustre des soins de François Ier. Au siècle de Louis XIV, les progrès de la civilisation firent naître des Sophocles, des Euripides, des Praxitelles, des Zeuxis, des Théophrastes, des Sapho; et la France, après Rome, eut aussi ses Horaces, ses Catons, ses Sénèques, ses Cicérons, ses Marius, ses Cincinnatus; mais l'ombre des Solons, des Lycurgues, des Minos et des Numas, ne fit que paraître, et nos institutions sont restées ébauchées. Nous possédons un Roi judicieux et pacifique: il suffit de l'éclairer, de lui dire la vérité, pour que nous soyons gouvernés par un Antonin.

L'adulation, ce fléau des états, conduit les souverains à leur perte. Nous en avons une preuve récente, attestée par les larmes qu'ont versé nos familles, qui portent encore dans leur cœur le deuil de leurs enfans immolés par l'ambition aux champs d'honneur.

Les progrès des connaissances humaines donnèrent l'impulsion aux sciences exactes, physiques et naturelles vers la fin du 18e siècle. L'esprit humain, en procédant du connu à l'inconnu, tend continuellement à reculer les bornes de la science, dont la marche rapide développe en quelque sorte, par des points de contact, les facultés intellectuelles des membres des corps politiques, et accélère la civilisation en propageant de toutes parts les lumières qui éclairent les régnicoles entraînés alors par une attraction irrésistible. Cette attraction dérive à la fois d'une force morale et d'une force physique. Ces forces combinées constituent un moteur tellement puissant, que la direction, qu'il communique à l'esprit public, entraîne dans sa route en décrivant sa ligne directe; les passions qui, s'enflant progressivement, forment un torrent qui menace de renverser tous les corps qui s'opposent à son passage. Le débordement alors ne peut être arrêté que par le terme de son arrivée, qui, en lui servant de digue naturelle, amortit les ricochets; et les commotions politiques ne cessent de se faire sentir que lorsqu'elles sont parvenues aux termes fixés par l'ordre naturel.

Dans les États musulmans, dans les pays soumis à la domination du despostisme et de la monarchie absolue, l'instruction, en éclairant les peuples, serait dangereuse pour les gouvernemens : elle fut proscrite par la politique de Mahomet. Ces contrées, sous le rapport des lumières, sont stationnaires; les préjugés inculqués dès l'enfance produisent cette turpitude,. ces coutumes bizarres et absurdes que l'on y remarque. En Espagne, où tout est soumis à l'empire théocratique, les sciences, les arts et la civilisation sont arriérés de plusieurs siècles comparativement aux autres peuples européens. Les persécutions, le fanatisme, l'affreuse inquisition retiennent les Espagnols dans un état d'abrutissement, en s'opposant aux progrès des lumières auxquelles le flambeau de la science ne présente aucun point de contact pour répandre une bienfaisante clarté.

Les réunions d'hommes qui habitent les

bords de l'Ohio, du Saint-Laurent, du Mississipi, du Sénégal, sont encore dans un état barbare, parce qu'aucun point de contact ne leur a communiqué les lumières : cependant ils subviennent à leurs premiers besoins.

Lorsque Pizarre et Fernand-Cortez abordèrent dans le Nouveau-Monde, ils trouvèrent les Péruviens et les Mexicains réunis dans des villes ; ils aperçurent, dans leurs arts, leurs coutumes et leurs cultes, le premier degré de civilisation. Ces peuples qui, manquant de point de contact, seraient restés stationnaires, adoraient le soleil qui s'offrait chaque jour à leur vue pour féconder leurs terres qui leur fournissaient leurs moyens d'existence.

Les points de contact des lumières des Égyptiens, des Chaldéens, des peuples de la Grèce et de l'Asie, allumèrent le flambeau qui éclaira les Romains. Les institutions de ce grand peuple furent le point de contact qui civilisa les nations méridionales de l'Europe ; les lois romaines sont encore les principales bases de nos lois civiles et de notre jurisprudence. Les progrès des lumières apportèrent dans chaque siècle un degré de perfectionnement dans les institutions. Les révolutions d'Angleterre et d'Amérique sont les points de contact et de comparaison qui provoquèrent en France les réformes, et dirigèrent l'opinion publique dans sa marche, en demandant l'introduction des changemens qui constituent l'amélioration des institutions politiques. Enfin, la révolution française est devenue le point de contact qui a fait rejaillir la lumière sur les autres peuples de l'Europe qui rendent hommage aux progrès de la civilisation, dont l'influence consacre les droits des membres de chaque corps social, conformément à l'impulsion de l'ordre naturel.

Les institutions politiques dégénérèrent aux époques de Péryclès, d'Auguste, de Léon X et de Louis XIV. Avec le siècle de Péryclès finirent les beaux jours de la Grèce. Rome ne fut plus Rome après le siècle d'Auguste; Rome, portant un coup mortel, vint mourir à Bysance. Le christianisme perdit tout son éclat au siècle de Léon X. Luther et les réformateurs apparurent; on voulut réformer les abus, on réforma les dogmes. Le siècle de Louis XIV jeta le germe des causes qui ont produit notre révolution. Mais, dans ces temps, les peuples ne goutèrent qu'une félicité factice qui devait être de courte durée : ce bonheur n'était qu'un fin diamant enchassé dans une bague de pierres fausses ; le diamant disparaissant, la bague est de peu de valeur. Les institutions rétrogradèrent au lieu de se perfectionner.

Les lumières de la saine philosophie ont été détractées par nos modernes Aristarques, qui lui ont attribué les crimes et les horreurs de la révolution, et ces bévues politiques trouvent encore des partisans : persister donc dans une profession de foi aussi erronée, ce serait, selon moi, vouloir porter un coup fatal à la religion, et la détruire de fond en comble.

Les pérorateurs, sous le régime révolutionnaire, disaient au peuple, dans leurs harangues, ne vous transportez pas dans ces temples où l'on professe ce christianisme qui ensanglanta la terre ; ne vous prosternez point aux pieds de ces autels dont les ministres s'armèrent jadis pour massacrer hommes, femmes et enfans, des êtres qui n'étaient coupables que d'avoir une autre croyance qu'eux ; renoncez enfin à une religion qui fit commettre tant de crimes. »

Les crimes de l'intolérantisme religieux sont aussi manifestes, aussi incontestables que ceux de l'intolérantisme révolutionnaire. Ne serait-il pas absurde de partager l'opinion des révolutionnaires, et de prétendre que la religion ordonne ces actes sanguinaires; par la même raison, il serait absurde d'attribuer aux progrès des lumières les horreurs de la révolution.

Le christianisme est une rèligion de paix et de charité : ce sont les abus, que l'orgueil, l'amour-propre, l'avarice, l'ambition, ont fait de ses divins preceptes, qui ont conduit les chrétiens à ensanglanter l'Italie, l'Espagne, l'Allemagne et la France.

Les lumières de la philosophie sont aussi étrangères aux crimes révolutionnaires que les préceptes du christianisme, et la morale de l'évangile, le sont aux crimes religieux et aux guerres de religion : c'est la fausse interprétation des plus sages maximes qui, dirigées par les passions, conduit aux excès.

MÉCANIQUE ET STATIQUE POLITIQUES.

RÉVOLUTIONS. — LEUR CAUSE. — LEURS EFFETS. — LEUR FIN.

Les horreurs de la révolution ont inspiré à un certain nombre d'individus une antipathie prononcée contre toute idée d'innovation qui dérive du préjugé, et de l'irréflexion avec laquelle on a examiné les causes qui l'ont produite : il est temps de dissiper ces erreurs, en réduisant la question à sa plus simple expression.

La discordance de nos institutions monarchiques avec les progrès de la civilisation accélérée par la marche rapide des connaissances exactes qu'avait acquise la classe érudite de la nation, commandaient impérieusement des changemens salutaires. La révolution anglaise et la révolution américaine avaient fortifié dans les cœurs l'amour de la liberté naturelle. Les magistrats, instruits et intègres, reconnurent la nécessité des innovations, en considérant l'imperfection de notre gouvernement, les abus de l'administration, la bizarrerie des lois civiles et judiciaires, et la diversité des coutumes qui semblaient partager la France en autant d'états qu'elle renfermait de provinces; la lutte continuelle que l'administration des finances avait sans cesse à soutenir, depuis Sully et Colbert, contre les maux de l'État et les besoins successifs du trésor, avait démontré l'urgence de l'introduction de l'égalité proportionnel dans les impôts, afin que toutes les classes de citoyens contribuassent aux charges publiques. Ces changemens importans qui devaient être opérés graduellement, insensiblement et sans secousses, n'eurent point lieu en temps opportun : on laissa les plaies s'aggraver; l'opinion publique se prononçait en faveur des innovations, et proscrivait des abus, des préjugés dont elle proclamait la suppression.

Sous le règne de Louis XVI, l'opinion publique fit entendre de nouveau sa voix ; le gouvernement resta dans une incertitude continuelle qui devait compromettre un jour sa sécurité. Les années propres à la réforme s'écoulèrent dans cette versalité par l'influence de ceux qui avaient intérêt à l'alimenter; on temporisa. L'opinion publique fut comprimée ; les passions, les animosités secrètes, se trouvèrent resserrées dans d'étroites limites, compression qui devait rendre le débordement plus terrible, lorsque la digue serait rompue.

On convoqua les états généraux; l'assemblée nationale opéra avec d'autant plus de hardiesse, quelle se conforma au vœu du peuple, puisque ses opérations étaient sanctionnées par l'opinion publique ; par conséquent, la puissance populaire empiéta sur la puissance royale, et le pouvoir national s'accrut de la quantité de force que perdait le pouvoir royal (1).

---

(1) « Le peuple, sorti tout-à-coup, comme par magie, d'un long engourdissement et d'une profonde léthargie, sentit le prix de la liberté, s'étonna de son pouvoir, et voulut toujours. Cette liberté dégénérée en licence, ouvrit un libre champ aux passions qui prirent un essor désordonné, et reçurent un dangereux élan des décrets et des déclamations des faux philosophes, de ces hommes qui, n'ayant rien à perdre, mais tout à gagner, profitèrent de leur ascendant sur l'esprit populaire pour fonder leur crédit et leur puissance. »

(Mon *Essai philosophique*, p. 158.)

Ainsi donc, par l'effet de l'impolitique du gouvernement, de simples changemens qu'il était essentiel d'opérer graduellement, dégénérèrent en une commotion qui devait produire infailliblement un bouleversement. Si l'on eût écouté les sages conseils de la saine politique, la révolution eut été évitée.

Si nous considérons avec un œil observateur les causes des révolutions politiques, principalement chez les grandes nations, nous verrons quelles dérivent des progrès de la civilisation et des connoissances humaines, et de l'obstination des gouvernemens qui s'opposent aveuglément au développement de l'ordre naturel, ou qui exercent l'abus du pouvoir.

Ce fut l'entêtement du gouvernement anglais qui s'obstina à fronder l'opinion publique du peuple Américain, qui arma les colons pour défendre leurs droits; avec le germe de cette révolution, se développa le sentiment de l'indépendance, et la colonie secoua le joug de la métropole.

La révolution anglaise dérive d'une même cause que celle qui a produit la révolution française; lorsque les gouvernemens s'opposent aux progrès de la civilisation, la force de l'opinion et de l'ordre naturel surmonte les obstacles, et les gouvernemens succombent.

Sous le despotisme militaire, la marche des révolutions est plus lente; la chute est souvent causée par les agens mêmes du despotisme, ou par un événement imprévu qui entraîne, électrise le peuple. Les Romains gémissaient sous la tyrannie des décemvirs; le spectacle du cadavre de Virginie, immolée par son père à la pudeur, souleva les Romains qui chassèrent les tyrans. La mort de Lucrèce fut le signal de l'expulsion des Tarquins ; avec le dernier soupir de César, expira la république: telles sont les causes qui produisent les révolutions par *influence intérieure.*

Il est encore des révolutions d'une autre nature causées par *influence extérieure*, lorsque les gouvernemens dépassent les bornes de l'ordre naturel. Les institutions romaines quoique imparfaites, durèrent pendant plusieurs siècles, parce qu'elles étaient soutenues par un ardent amour de la patric; mais Rome, dans sa fureur guerrière, dépassa les bornes de l'ordre naturel, elle s'écarta des lois de la nature; Rome, après avoir conquis le monde connu, ne fut qu'un colosse qui devait tomber de son propre poids, puisque la base qui le soutenait, n'était point en proportion de sa taille gigantesque.

Si Charlemagne n'eut ambitionné que le titre glorieux de législateur en renonçant à la gloire éphémère des conquêtes, ses sages institutions successivement perfectionnées, eussent accéleré d'âge en âge les progrès de la civilisation; la France, depuis plusieurs siècles, jouirait d'un bonheur jusqu'alors inconnu. Mais Charlemagne avait franchi les bornes de l'ordre naturel; ses successeurs se partagèrent ses vastes états, les gouverneurs devinrent de grands vassaux de la couronne, et la féodalité prit naissance dans le siècle qui devait donner l'impulsion aux lumières, et avancer les beaux jours de la France.

Le chef de notre gouvernement impérial voulut dominer une portion de l'Europe, il parvint à son but; des rois ne furent que ses vassaux; son empire réunit sous les mêmes lois, plusieurs peuples étrangers par leurs mœurs, leurs usages, leurs intérêts locaux; les bornes de l'ordre naturel furent franchies; le gouvernement disparut, et devait disparaître tôt ou tard.

Je rangerai la Grande Bretagne dans la même cathégorie. L'Angleterre n'est qu'un point au milieu de ses vastes possessions ; son gouvernement et ses institutions sont très imparfaites ; ainsi que Rome, elle domine sur des pays lointains, elle a franchi les bornes de l'ordre, elle éprouvera une révolution par influence étrangère, et une révolution interne par influence intérieure, parce que son corps politique a éprouvé des secousses qui ont atténué ses forces, dont elle a trop abusé. Le colosse anglais ne pourra se soutenir, puisqu'il manque de base ; son corps politique s'affaiblira en outre par l'effet de son épuisement primitif qui n'est point réparé par une bonne constitution politique, qui ne détourne pas l'action des agens qui tendent à désorganiser son être, en troublant ses fonctions vitales.

Un calculateur politique, sans être sorcier, magicien et nécromancien, peut, avec des données certaines, prévenir ou prédire les révolutions. Les vérités et les axiômes politiques, sont en rapport parfait avec les vérités mathématiques. Sans être sorcier, un géomètre résout des problêmes; l'arithméticien, avec trois termes connus, trouve un quatrième terme tout à fait inconnu ; l'algébriste, procédant par des calculs exacts, rencontre des vérités mathématiques; le calculateur politique, avec des connus, trouve aussi l'inconnu. Il était facile de prévenir la révolution française et celle du 20 mars; au moyen des vérités et des connus politiques, il est encore facile de prédire une révolution inévitable en Espagne, et une révolution en France, si ces deux gouvernemens ne sortent pas de leur apathie à cet égard; en politique comme en algèbre $a+b-a-b=o$.

Les secousses et les ricochets, produits par commotions politiques, sont en raison de la force du moteur, des malheurs causés par l'orage, et des moyens employés par les gouvernemens pour y remédier.

Si les plaies s'ouvrent de nouveau par l'influence des agens étrangers qui ne sont point écartés en temps favorable, la maladie se prolonge, et le corps politique éprouve une rechute. Plus l'opinion publique a été comprimée, plus le débordement des passions cause de ravages sur l'horizon, et plus les remèdes doivent être efficaces; mais ces remèdes ne doivent point contrarier la nature, car on aggraverait les maux : il en résulterait un nouveau débordement. Un gouvernement doit donc étudier avec la plus grande attention la nature de la maladie, et chercher les causes qui l'ont occasionnée; car, au milieu du désordre des révolutions, il est aisé de remarquer un ordre naturel dans les causes qui les provoquent; il faut alors proscrire les abus, les réformer dans l'administration; les progrès de l'esprit humain en indiquent les moyens aux gouvernemens, en cédant à la force de l'opinion publique qui ne se trompe jamais sur les intérêts nationaux. Vouloir lutter contr'elle, ce serait vouloir s'opposer sur un champ de bataille, au passage d'un boulet; la force projectile de la bombe la fait arriver au but qu'elle doit atteindre, c'est-à-dire, au point de mire. Parvenu à son terme, elle cesse d'être meurtrière quand elle est au dernier ricochet: il en est de même de la force de l'opinion publique. Lorsqu'un canon est bien chargé, bien bourré, alors, l'explosion est plus terrible; si la portée du canon est de mille toises, et que l'on présente à cent toises un corps fragile, un homme par exemple, la bombe l'écartelera, le fera voler dans les airs; et, continuant de décrire la projectile, elle renversera tout ce qui se trouvera sur son passage. Si, à la distance de cent pas, elle a rencontré un mur épais, elle décrira une ligne oblique ou se brisera, et ses éclats sillonneront la terre, et ravageront de ce côté. En principe mathématique, la force d'inertie, c'est-à-dire la persévérance d'un corps dans l'état de mouvement ou de repos, étant une fois établie, le repos ou le mouvement du corps n'a lieu que par une cause, et n'est rétardé ou accéléré que par une autre cause. Une balle lancée par un bras vigoureux, parviendra à une plus grande distance que celle lancée par le bras d'un enfant. D'après les lois de la gravité, si une pomme tombe de deux pieds sur la tête d'un homme, elle ne causera qu'une faible douleur, si elle tombe de dix pieds, la douleur sera plus cuisante; en tombant de cent pieds, elle pourra donner la mort: de petites pierres tombées du ciel ont tué des hommes et des animaux.

L'opinion publique, sur les grands objets d'économie sociale, est un des régulateurs qui dirigent le plus sûrement les gouvernemens, puisqu'ils sont établis pour le bonheur des sociétés politiques; le vœu de l'opinion publique est l'expression de la volonté générale, les gouvernemens, en s'y conformant, agissent dans l'intérêt de tous, mais l'intérêt de tous, et le bonheur public étant le but, l'objet de leur institution, puisque sans société politique il n'existerait pas de gouvernement : donc les gouvernemens, en se conformant au vœu de l'opinion générale, évitent la lutte qu'ils auraient à soutenir, s'ils tentaient de fronder cette opinion, ce vœu, cette volonté générale ; puisqu'un peuple connaît mieux ses besoins, et ce qui peut contribuer à sa félicité, qu'un gouvernement qui est à une grande distance des gouvernés. Ces raisonnemens, je crois, sont basés sur les règles de la plus saine logique.

Lorsqu'un gouvernement oppose à la force motrice de l'opinion un objet, un obstacle ; qu'arrive-t-il ? Que doit-il arriver d'après les lois de l'ordre naturel, d'après les lois de la gravité et de la projection des corps physiques qui, dans le grand œuvre de la nature, reçoivent un mouvement, et prennent une direction produite par un moteur ? Si la force de résistance est trop faible, l'opinion triomphe, et continue de décrire sa projectile en renversant les nouveaux obstacles ou le gouvernement lui-même, qui quelquefois contrarie l'arrivée de l'opinion, qui ne perd sa force que lorsqu'elle est parvenue au terme prescrit par la durée de la commotion et des ricochets,

Quels sont les obstacles, quelle est la force de résistance qu'un gouvernement peut opposer à la force motrice? Pour résoudre cette question, je vais examiner quels sont les élémens qui constituent cette force; j'obtiendrai une solution mathématique, en prouvant par $a + b - a - b = 0$, que la force de résistance étant beaucoup plus faible que la force motrice, la résistance doit céder. Remarquons que mes raisonnemens sont fondés en principes, et que leurs élémens ne sont point des idées vagues.

Le gouvernement est un être moral, qui n'a de consistance que par l'opinion et les forces militaires dont il dispose. Ces forces sont composées de soldats. Quels sont ces soldats? Des citoyens de l'État, des membres du corps politique. Pourquoi ces citoyens forment-ils dans l'État un corps régi par une administration qui présente les phases et les divisions de l'administration civile? Ils composent une force défensive et non offensive, instituée pour défendre ce même État contre les attaques des puissances étrangères, et sévir contre les rassemblemens, les réunions de membres qui tenteraient de troubler la tranquillité intérieure, le repos de leurs concitoyens. Ces forces militaires sont donc créées uniquement dans l'intérêt de l'État, dans l'intérêt de tous; elles ne peuvent être par conséquent dirigées contre l'opinion publique, dont l'expression est l'intérêt de tous. Peut-on compter sur le secours d'une partie des citoyens pour combattre l'autre partie, qui n'est autre chose que la masse de la nation : or, la nation elle-même troublera-t-elle, dans l'intérêt de tous, la tranquillité intérieure, la tranquillité de tous?

Lorsque la compression momentanée de l'opinion produit tôt ou tard une commotion populaire, dont la secousse a été provoquée dans l'intérêt de tous, les forces militaires, qui sont la force de résistance d'un gouvernement, cessent d'étayer la puissance gubernatrice d'après les lois de la statique des corps politiques, conformes aux lois de la statique des corps physiques, en suivant l'ordre qui règne dans le grand œuvre de la nature; la force de résistance s'unissant à la force motrice, ou cette dernière détruisant la première, le moteur succombe. Je citerais un grand nombre d'exemples frappans; mais reportons-nous à notre révolution.

Le gouvernement s'opposa à la force de l'opinion long-temps comprimée; les armées composaient sa force de résistance. Ces forces militaires, nées dans le sein démocratique, n'avaient été fournies au corps monarchique que comme troupes vraiment nationales, devenues *auxiliaires* sous le nom d'*armées royales*, puisque ces troupes appartenaient au corps politique. L'assemblée nationale joignit à sa démocratie une partie du pouvoir exécutif monarchique ; alors les troupes, prêtant l'oreille à la voix de la démocratie, furent sourdes à celle de la monarchie. Rappelées dans le sein du corps politique, elles perdirent leur titre de *royales*, cessèrent d'être *auxiliaires*, et redevinrent troupes nationales.

Ce vertueux monarque, si digne de la couronne et d'un meilleur sort, qui n'eut d'autres torts que sa faiblesse, d'autres vices que ses vertus, ce roi puissant, ce roi de France, qui, quelques années auparavant, tranquille dans son palais, eût culbuté avec ses forces de résistance la force motrice de vingt mille conspirateurs, fut enlevé et conduit dans une tour par une poignée de démocrates ; ce roi, que l'on admirait et respectait sur le trône, une fois sorti du palais de la grandeur où il vivait au milieu des hommages et des superfluités de la vie, entra dans une tour où il pouvait à peine obtenir, de ses farouches et barbares gardiens, et le respect, et le nécessaire.

Ce Napoléon, qui occupa toutes les bouches de la renommée, qui, entouré d'essaims de timides fourmis arrachés à leur famille pour les tranformer en rapaces frelons qui enlevaient la nourriture de ces laborieuses abeilles, dont l'image était parsemée, comme un trophée, autour de son trône; ce Napoléon, dont la pourpre et le manteau offrirent le simulacre des larmes du laboureur ruiné et de la pudeur in sultée; ce nouveau Titan, qui, s'il n'eût fini sitôt, aurait fini plus tard par entasser montagnes sur montagnes pour escalader les cieux, et dérober le foudre au maître des dieux, dont il avait déjà pris l'aigle à son service; ce fier conquérant, qui, du fond de sa tente, semblait avoir entrepris la tâche de dicter des lois à l'univers, a disparu loin du sceptre, du trône, du diadême et des camps. Qu'est-il devenu? Ses admirateurs, éblouis de sa gloire éphémère, irons le chercher encore dans le palais des Czars, des Sultans et des Saphis; mais le philosophe, le politique observateur, qui a médité sur les révolutions des empires, se dirigera vers les côtes d'Afrique. En portant l'œil à l'une des extrémités de ces cylindres qui rapprochent les objets éloignés, il apercevra sur la surface des ondes un amas d'arides rochers; c'est au milieu de ces monts rocailleux où règne, pendant le jour, le silence des nuits, qu'il trouvera un célèbre enchanteur qui lui indiquera l'humble retraite de ce M. *Bonaparte*, dont le nom de guerre était *Napoléon*. Par la vertu de sa baguette de fer et de ses anneaux magiques, que jadis il changeait en sceptres et en couronnes, ce magicien lui dira ce qu'est devenu ce petit homme naguères si grand, cet homme grand, aujourd'hui si petit, qui n'est plus qu'un grain de sable sur la plage, qu'un atome dans l'immensité.

Terribles leçons pour les grands; terribles leçons pour les souverains; terribles leçons pour les gouvernemens.

Rois, empereurs, potentats, ne résistez pas à la force de l'opinion; ce n'est que par le prestige de l'opinion que se soutiennent la grandeur et la puissance.

Je vais entrer dans quelques dissertations qui prouvent en faveur de mon système et de ma nouvelle théorie. Je considérerai les nations comme de grandes familles dans leurs rapports avec les familles domestiques, et je découvrirai d'autres causes des révolutions politiques ; ces causes dérivent encore de l'oubli des lois de l'ordre naturel.

Tous les enfans reçoivent en naissant les mêmes droits à l'affection de leurs parens ; ainsi le veut la nature. Lorsque dans une famille il existe un ou plusieurs enfans privilégiés, leurs frères, leurs sœurs sont plus dédaignés. Souvent dans la classe du peuple, des enfans reçoivent de mauvais traitemens provoqués par des accusations des enfans favoris. Lorsque les autres sont arrivés à une époque où ils commencent à raisonner, ils s'aperçoivent de cette prédilection, et la condamnent secrètement. De là naissent des circonstances qui développent ces passions inhérentes à la nature de l'homme ; moins d'affection et plus d'indifférence pour les parens et leurs favoris, ou des sentimens de haine contre ces derniers. Devenus adolescens, ces enfans dédaignés conservent ces sentimens, et les passions se développent à mesure qu'ils grandissent : mais, parvenus à l'âge de l'indépendance, ils s'empressent de secouer le joug.

Dans les grandes familles politiques, si le père de famille affecte une trop grande prédilection pour certains enfans, les autres conservent les mêmes sentimens que l'on remarque dans les familles particulières. Si, dans les familles domestiques, il se trouve des enfans enclins à des penchans vicieux, ils deviennent haineux, vindicatifs, et l'on rencontre parmi eux des fils, des frères dénaturés, des persécuteurs ou des criminels, des paricides et des fratricides. Ces vérités incontestables sont applicables aux sociétés politiques; exemple :

Dans la grande famille française, sous nos anciens gouvernemens, il exista des enfans gâtés trop favorisés. Comblés d'honneurs et de richesses, ils ne contribuaient point, avec les enfans dédaignés, aux charges de la famille et aux besoins de leur père. Lors du débordement des passions, les frères indifférens restèrent dans l'indifférence en conservant néanmoins pour ceux-ci un secret éloignement. Les frères dénaturés, abusant des forces que leur prêtait leur union, persécutèrent leurs frères privilégiés; d'autres, plus dénaturés encore, devinrent criminels envers eux (comme les frères de Joseph), et au lieu de faire d'humbles remontrances au père de famille, ils portèrent sur sa personne auguste et sacrée une main sacrilége, homicide et parricide, en comprimant par leurs excès, leurs menaces, leurs farouches regards, l'élan des autres frères qui condamnaient leur fureur et leur férocité. Mais les enfans dédaignés et indifférens ne purent, de leur côté, trouver leur force dans l'union, puisque chaque contrée où ils fixaient leur demeure, gémissait sous la verge de fer des *frères et amis* dénaturés qui, à chaque instant, offraient à leurs yeux le poignard dont la lame tranchante brillait dans leurs mains. Ainsi donc la conduite du père de la famille politique contraire aux lois de la nature, avait jeté le germe de la haine, de la jalousie, de la vengeance, dans le cœur de quelques enfans dénaturés; mais les enfans gâtés ne justifièrent point l'affection du père de famille; ce qui arrive presque toujours dans les familles domestiques.

Si nous remontons à une époque moins reculée, nous retrouverons à peu près les mêmes effets produits par la violation de l'ordre naturel.

Sous le gouvernement impérial, le père de la grande famille tyrannisa ses enfans, à l'exception d'un certain nombre d'entre eux qui étaient nécessaires à son existence. Coup de politique paternelle, puisque sans bien et sans fortune, il commandait à des enfans qui n'obéissaient qu'à la force de son autorité, car il ne régnait pas sur leur cœur, et ne pouvait compter sur leur empressement à satisfaire à ses besoins.

Ces nouveaux enfans chéris de la victoire, gâtés par les faveurs de leur chef, dédaignèrent de cueillir l'olivier pour parcourir le monde, et chercher des lauriers dont ils ornaient le front de leur père. Ils invoquaient Bellone et le dieu des combats en leur adressant leur prière; ils volaient comme l'aigle qui leur servait de guide; escaladant les monts, traversant le Danube, franchissant la distance du Tage au Niémen, portant l'ordre du père aux bouches du Cattaro, soumettant à ses lois tous les peuples de l'Elbe, traversant fréquemment le temple de Janus toujours ouvert par eux; avec ces bayonnettes, qui désolaient l'Europe, ils inscrivaient leurs noms au temple de mémoire : en achetant la gloire aux dépens de leur vie, ils gagnaient des batailles aux dépens de leurs frères.

Mais ces enfans gâtés étaient dans la même situation que des enfans favorisés par un père de famille; associés à ses affaires, à son commerce, qui, jouissant d'une trop grande prépondérance dans les affaires, abusant de la confiance du père, feraient dans leur propre intérêt des spéculations hasardées qui ruineraient leur père ainsi qu'eux : secousse dans la maison paternelle dont les autres enfans ressentiraient les effets.

Le père de famille, oubliant ses enfans, fut oublié par eux, et ne conserva que l'affection intéressée de ses enfans favoris. S'ils lui étaient utiles, il leur étaient nécessaire.

Je m'abstiendrai de décrire les causes de la révolution du 20 mars, dont la secousse a prolongé les saccades des ricochets produits par la commotion de la première révolution. Les ricochets des révolutions ou les nouvelles commotions, produisent toujours le même effet que celui d'une bombe qui, parvenue au terme qu'elle doit atteindre, serait rechargée entière ou en éclats dans le même canon, et déchargée avec plus ou moins d'explosion selon la quantité de matières combustibles employées dans la nouvelle charge. Cette décharge par de nouveaux ricochets occasionnerait de nouveaux ravages.

Ainsi donc, de même que dans une famille domestique, les enfans supportent le joug de leurs frères jusqu'à ce qu'ils soient parvenus à un âge plus avancé; de même les enfans dans une grande famille politique, lorsque l'âge, la civilisation, les lumières de l'esprit humain, ont développé leurs facultés intellectuelles, s'aperçoivent que le père de famille déroge aux lois de la nature; ils blâment son injuste affection, refusent d'obéir à leurs frères leurs égaux, et font valoir leurs droits près du père. Si leur demande est mal accueillie, les enfans dénaturés commettent, en méconnaissant l'autorité paternelle, des fautes suscitées par l'égarement et les fautes du père, parce que les peuples parvenus à l'âge de la raison, comme je le remarquerai plus loin, ne voient plus la monarchie avec un œil microscopique. Le sentiment naturel leur indique leurs droits et leurs forces.

Je pourrais m'étendre davantage sur une aussi importante matière, mais le temps ne me le permet pas. Je crois néanmoins en avoir assez dit pour démontrer que les révolutions sont provoquées par les gouvernemens qui en deviennent eux-mêmes les premières victimes.

MÉCANISME DES CORPS POLITIQUES.

L'Être-Suprême a donné à tout être vivant le sentiment de la conservation de son existence. Ce desir de se conserver, inné dans l'homme, est l'origine de ses passions : si ce desir dépasse les bornes prescrites par la nature, l'homme court à sa perte.

La raison nous indique de quelle manière nous devons régler les opérations de notre ame. Nous avons reçu du Créateur autant de raison que notre état le comportait : si Dieu ne prodigue pas ses faveurs, il sait les dispenser avec sagesse.

Selon que les objets extérieurs agissent sur nous, nous recevons différentes idées par les sens; et, en réfléchissant sur les sensations dont nous recevons la perception, nous acquérons toutes les idées que nous n'aurions pu acquérir sans cette opération de l'ame. Les sensations, et les opérations de l'ame qui nous les font connaître, nous fournissent toutes nos connaissances, dont les matériaux sont mis en œuvre par la réflexion ; la perception étant l'impression communiquée à l'ame par l'action des sens, l'ame n'a de perception qu'autant que l'action des objets extérieurs se fait sentir au cerveau, c'est-à-dire, au *sensorium commune*, et toutes les fibres du cerveau communiquent à toutes les parties du corps.

Quel est l'homme moral qui atteindra le plus grand degré de perfectibilité? C'est celui qui, faisant usage de sa raison, pratiquera les préceptes de la religion et la loi naturelle; car la religion et la loi naturelle émanent de la Divinité : c'est la raison qui nous fait distinguer le juste de l'injuste, le bien d'avec le mal.

Quel est l'homme physique dont l'existence sera la plus prolongée; ce sera, sans contredit, celui qui écoutera les conseils de la raison, au moyen desquels il surmontera ses passions. En observant les règles de la sobriété de la tempérance, en n'abusant point de ses forces, il maintiendra un parfait rapport entre toutes les parties organiques de son être; la digestion des alimens ne sera point troublée par la surabondance; satisfaisant son appétit avec modération, tous ses membres recevront également le principe vivifiant; la nature n'étant point contrariée, son vœu sera rempli.

Mais, comme le Créateur nous a fait présent de la raison pour nous faire connaître ses volontés, l'homme physique et l'homme moral, en exécutant l'ordre du Créateur, auront donc une existence plus durable, et une organisation plus parfaite que ceux qui s'écartent de l'observance des lois de la nature.

De même, les corps politiques auront une existence physique et morale d'autant plus parfaite, qu'ils suivront, pour se diriger, les conseils de la raison, qui sera près d'eux l'interprète des volontés de l'Éternel; mais, comme les lois qui régissent les corps politiques sont faites par les hommes, comme leurs institutions sont leur ouvrage, leur existence sera donc d'autant plus assurée, qu'ils se régiront d'après les lois qui régissent le grand ouvrage de l'auteur de la nature. Or, le droit humain et le droit public sont des institutions humaines; par conséquent, les institutions humaines et l'ouvrage des hommes atteindront un degré de perfectibilité d'autant plus grand, qu'elles seront basées sur les institutions divines. La raison et l'intelligence développant, d'après le vœu de la nature, nos facultés intellectuelles, augmentent la somme de nos connaissances, et les progrès des connaissances humaines facilitent les moyens d'interpréter le droit divin, institué par l'Être-Suprême pour nous servir de guide dans la rédaction du droit humain. La législation divine n'a été instituée par le Créateur que pour servir de règle à la législation humaine, à la législation de ces animaux raisonnables plus favorisés que les autres, et qui, par la perfection de leur organisation, semblent avoir été créés pour représenter Dieu sur la terre, et dominer dans ce vaste univers, puisque Dieu créa l'homme à son image et ressemblance.

Peut-on croire en effet, que Dieu se serait abaissé à descendre ici bas, pour voyager en pélerin; qu'il viendrait parcourir le monde comme le juif errant, et que le législateur de ce grand et sublime univers s'amuserait à courir de pays en pays, pour donner des lois à des poignées de mirmidons tels que nous, en se faisant législateur humain.

Dieu nous dit : vous avez sous les yeux mon ouvrage, je vous ai donné la raison et l'intelligence, et des facultés intellectuelles suffisamment étendues pour l'interpréter; imitez-le dans toutes les conceptions de l'esprit humain, dans tous les ouvrages de votre main; que mes lois vous servent de règles dans tout ce que vous entreprendrez.

L'instinct et l'intelligence nous conduisent

en effet à cette imitation; les ouvrages sortis de la main de l'homme, et les mécaniques par exemple, n'atteignent un dégré de perfection que lorsque le mécanicien observe dans leurs perfections toutes les lois qui régissent l'univers. Une montre sera d'autant plus parfaite, selon que l'horloger aura observé, avec plus de précision, les lois qui régissent le mouvement de la terre. Les lois physiques et astronomiques sont observés dans la construction des instrumens de marine; la nécessité d'imiter la nature dans les ouvrages de main d'homme, est reconnue depuis longtemps. C'est par l'étude des lois de la nature que l'homme est parvenu à faire parler des automates, et mouvoir des animaux mécaniques; plus les mouvemens des corps physiques seront imités avec précision, et plus les imitations acquerreront de perfection et de durée.

Dans l'organisation des corps politiques et dans leurs institutions, les hommes se sont constamment écartés du but qu'ils devaient se proposer d'atteindre en dédaignant de suivre ces règles prescrites par les institutions divines; c'est à cette violation de l'ordre naturel que l'on doit attribuer les révolutions, les secousses et les désorganisations qu'éprouvent les Etats.

Je vais considérer les corps politiques, 1° dans leur analogie avec les corps physiques et le corps humain ; 2° dans le rapport de leurs mouvemens avec ceux des corps celestes.

Les végétaux, les plantes, les arbustes réunis et cultivés dans un jardin, ont une existence plus ou moins précaire selon l'habileté de l'artiste qui en dirige la culture. Lorsque l'humble lis est rongé dans ses racines par des insectes, lorsque les plantes parasites qui l'avoisinent, sucent la substance nutritive nécessaire à sa vie, il languit et se dessèche; les rayons du soleil, les pluies abondantes ne le ravivent point, si les causes de son dépérissement ne sont point écartées ; dans le cas contraire, il reprend sa vigueur. Par la même raison, les arbres, les végétaux, cessent de produire des fruits, et de subvenir à l'existence du jardinier qui arrive à un anéantissement total; s'il finit par ne plus retirer aucun produit de son jardin, il est ruiné; plus de jardin, plus de jardinier.

Une terre cultivée par la main d'un homme habile, est d'un plus grand rapport pour lui selon qu'il ménage par des procédés naturels les principes de la reproduction. De même, les parties organiques des sociétés politiques dirigées par un gouvernement, sont plus ou moins productives et durables selon que la puissance qui les régit écarte les agens étrangers qui détruisent le germe producteur, selon les moyens plus ou moins naturels qu'elle emploie, selon qu'elle s'écarte de l'ordre qui doit produire et soutenir le principe de vie. L'arbuste mal dirigé trouve la cause de son dépérissement dans les écarts de la main qui contrarie sa croissance et la marche de la nature; de même aussi la société dépérit lorsque la puissance qui la dirige s'écarte de l'ordre naturel. Or, ce dépérissement de la société détruisant le principe de la reproduction, ses ressources, ses produits, ses moyens pour satisfaire aux impôts, diminuent; plus de puissance directrice, si elle manque elle-même de soutien.

Le corps humain, le plus bel ouvrage du Créateur, nous offre le modèle d'une coordonnance parfaite entre toutes les parties organiques de cette grande machine, dont tous les mouvemens ont un moteur principal dans le *sensorium commune*. Si l'homme est privé de ses facultés physiques ou morales, il est anéanti.

Les affections physiques, comme les affections morales, détruisent l'accord et la régularité du mécanisme.

Lorsque les bras et les jambes sont paralysés, l'homme isolé ne peut se procurer l'existence; toutes les parties du corps, de l'estomac et de la mâchoire deviennent des organes passifs et souffrans; leurs souffrances se rapportent au *sensorium*, qui bientôt se trouve troublé par l'effet de la désorganisation physique, qui est le résultat de ce changement.

L'homme-enfant est dans un état d'abnégation jusqu à ce que l'âge ait développé ses facultés intellectuelles. L'homme, dont les facultés sont déréglées, redevient dans l'état d'enfance; il est souvent insensible aux douleurs, aux rigueurs de la saison, refuse la nourriture, et ne tient point à la vie; sans discernement, il ne peut avoir des idées claires des sensations qu'il éprouve. L'enfant isolé, également privé du discernement, n'aperçoit point le danger; il prendra le poison qui abrégera ses jours, comme la nourriture qui les prolongera. Les réunions d'hommes qui forment les sociétés naissantes, ou dans l'état d'enfance, offrent le tableau de cette ignorance grossière, de cette stupidité, qui caractérisent, ainsi que les coutumes barbares, les Caraïbes, les peuples du Niagara.

Les peuples qui sortent de l'état de nature, lorsqu'ils sont parvenus à la dernière époque de l'enfance, comme les Abyssiniens, les Nigritiens, les sujets de Mancocrapac et de Montézuma, n'ont de lois qui indiquent les progrès de la civilisation, que lorsque leurs facultés se sont développées; ils parviennent alors de l'enfance à l'adolescence, à la jeunesse, à l'âge viril. C'est lorsque les peuples sont parvenus à ce dernier état, que, de la nature de leurs institutions dépendent leur durée et leur décrépitude. Cette durée, ainsi que celle des corps physiques, varie suivant l'action des agens étrangers. Sur les bords de la mer Glaciale, sous les bords septentrionaux, les peuples de Sibérie, du Kamtchatka, de Lislande et du Groënland, ceux-mêmes de la Patagonie et de la terre de Feu, ont une existence plus longue que celle des habitans des pays exposés à la brûlante ardeur de la zone et des tropiques, qui amollit les ames et énerve les corps.

Il en résulte l'indispensable nécessité d'adapter à chaque peuple des lois civiles basées sur ces considérations puissantes. Ainsi, la différence des températures est un agent qui influe sur l'accroissement ou la restriction de la longévité. Indépendamment de ces causes, il en est d'autres, tels que les déréglemens domestiques, l'abus des forces naturelles qui abrègent la durée du corps humain, comme celle des corps politiques, etc.

Les végétaux, les plantes, les arbustes, ont une existence proportionnée à l'abondance ou à la rareté des sucs nutritifs que renferme la terre au lieu de leur croissance : des chênes, des hêtres, ne parviennent qu'au terme séculaire ; d'autres existent pendant plusieurs siècles. Des cèdres du Liban, dont la cime se perd dans les nues, semblent braver les orages et les fiers aquilons depuis un temps immémorial.

On professe une opinion erronée, en prétendant que les corps politiques, ayant leur enfance, leur jeunesse, leur âge viril, doivent, ainsi que l'homme, avoir leur vieillesse et leur caducité; et l'on cite l'exemple des anciens peuples.

L'existence des corps politiques, comme celle des corps physiques, est plus ou moins durable; mais la longévité de leur âge viril, avec une constitution robuste, peut se prolonger à l'indéfini, comme le prouve l'empire chinois, le seul dont l'existence ait précédé la naissance des anciens peuples, et survécu à leur chute : il me sera facile de soutenir mes assertions.

Les facultés intellectuelles du corps humain sont inaltérables par leur essence. Si tous les membres, et particulièrement les canaux dans lesquels s'opère la circulation des sucs nutritifs et régénérateurs, étaient également inaltérables, l'homme serait immortel; mais la faiblesse et la délicatesse des organes matériels de l'homme et des animaux en général, s'oppose à la prolongation de leur existence, au delà du terme ordinaire de la vie animale.

Il existe entre les corps politiques et le corps animal, cette grande différence, que les parties organiques de ceux-ci peuvent se renouveler à perpétuité, comme je vais l'expliquer, et cette explication mérite la plus grande attention.

Le corps politique, comme le corps humain, est une grande machine qui reçoit l'action du moteur, qui est le *sensorium*, puisque tous les mouvemens physiques sont le résultat d'un acte de la volonté émané de ce *sensorium* : ces actes ne sont que l'effet de l'instinct, du sentiment, de l'intelligence et de la réflexion.

Comparons la grande machine politique à une mécanique : le mouvement des rouages, ou parties organiques d'une mécanique, provient de l'action imprimée par une force motrice. Si, dans une montre, on remplace une roue usée par une roue neuve, un balancier par un nouveau balancier, un ressort par un autre ressort, en renouvellant successivement toutes les autres pièces à mesure que la vétusté en exigera le remplacement, le propriétaire de cette montre se considérera comme possédant toujours la même montre, quoiqu'elle soit entièrement changée. Si je fais adapter une lame neuve à un vieux couteau, ensuite un nouveau manche à la nouvelle lame, j'aurai conservé mon couteau, sans avoir néanmoins le même couteau.

Le corps humain, la machine humaine, ne peut être durable, puisque ses parties constitutives sont altérables, et non susceptibles d'être renouvelées ; ainsi l'a voulu la nature. Les citoyens d'un état sont les parties constitutives d'un corps politique, et les rouages de la grande machine nationale. Ces parties organiques, ces rouages se renouvellent sans cesse par l'effet de la création des êtres. L'enfance devient jeunesse ; la jeunesse, âge viril ;

l'âge viril, vieillesse; la vieillesse disparaît, et retourne en poussière : *memento homo pulveris es et in pulvere reverteris.*

L'existence d'un corps politique peut donc se prolonger indéfiniment, si ses rouages sont entretenus dans un mouvement continuel par la présence d'un moteur toujours actif; et si ses parties organiques sont en parfait rapport avec ses facultés intellectuelles. Or, ces facultés intellectuelles sont l'administration générale, ce moteur actif, le *sensorium*, ou l'ame, est représenté par le gouvernement.

Je conclus donc que c'est de la nature des institutions politiques que dépendent seules la durée et la décadence des empires; et de ces conséquences importantes, je tirerai d'autres conséquences plus lumineuses encore.

Le cœur, situé au centre du corps humain, établit un point de correspondance entre les membres, les vaisseaux, les viscères et les fibres du cerveau ; il est un composé de membranes et de parties matérielles.

L'estomac forme également un centre de correspondance entre les parties matérielles et immatérielles de l'homme ; les facultés intellectuelles communiquent le mouvement à la machine humaine, d'après les perceptions qu'elles reçoivent des sensations. C'est par le discernement que l'homme satisfait aux besoins de l'estomac en lui donnant une nourriture sans laquelle ses membres s'affaibliraient; il y a donc entre les organes matériels du corps humain, une correspondance intime sans laquelle il ne pourrait exister; si cette correspondance était interrompue, il y aurait dépérissement.

Les administrations intérieures et locales étant les intermédiaires indispensables entre les membres du corps politique et les parties intellectuelles représentées par l'administration générale et le gouvernement, doivent être un composé de même nature que le corps social, lorsqu'au contraire l'administration générale ne peut trouver son essence que dans celle du gouvernement.

Les administrations intermédiaires étant de même nature que le corps politique, ne doivent tenir leur existence que d'êtres physiques dont la réunion compose un corps physique; par la même raison, les administrations générales, recevant la sensation du du corps politique par l'entremise des administrations intérieures auxquelles elles communiquent la vie et le mouvement, étant des corps immatériels, ne doivent tenir leur essence que d'un autre corps immatériel dont elles font partie ; donc, en dernière analyse, d'après les règles de l'ordre établi par la nature, l'administration intérieure, dans un état bien constitué, sera composée d'hommes élus par le corps politique; et l'administration générale sera composée d'individus de même essence que le gouvernement.

Le gouvernement est indispensable à tout corps politique; mais sans corps politique, point de gouvernement; l'administration intérieure étant matérielle sera dépendante de l'administration générale, puisqu'étant matérielle, elle peut seule recevoir et communiquer la sensation d'êtres matériels, c'est-à-dire le besoin du corps politique, qui, par ces intermédiaires, reçoit les subsistances nutritives nécessaires à son existence ; car les membres du corps fournissent des sensations au cœur et à l'estomac qui les communiquent au *sensorium*, siége du sentiment, et le *sensorium*, par un acte de sa volonté, communique une sensation dont il reçoit une perception ; il en résulte une idée complexe.

Tout est ordre dans la nature. L'équilibre y règne constamment d'après les lois de la gravité universelle. Tout mouvement est rectiligue. Les corps ne peuvent d'écrire une ligne courbe que lorsqu'ils y sont forcés par une puissance qui agit sur eux. La force centripète des planètes qui les attire vers le centre, est en analogie parfaite avec la gravité des corps physiques. Par l'effet de la gravité, les planètes pèsent vers la terre, la terre pèse vers les planètes et la lune. C'est ce qui cause le phénomène des marées, des flux et reflux.

Le corps administratif et le corps politique sont deux corps de nature différente, comme je l'ai déjà prouvé, qui doivent peser l'un sur l'autre. Si l'administration générale et l'administration intérieure ne formaient qu'un même tout, l'ordre établi par la nature n'existerait pas. Il doit donc exister deux forces, l'une représentée par l'administration générale ou l'astre du corps politique, ou son satellite qui attire à elle les opérations; mais si ces opérations ne refluaient pas vers le centre, l'ordre naturel serait troublé : car dans un État tout va du centre à la circonférence, et de la circonférence au centre. L'administration intérieure et l'administration générale doivent représenter un flux et reflux d'opérations; tout vient du centre, c'est-à-dire de l'intérieur, puisqu'un gouvernement ne peut agir que d'après les sensations qu'il reçoit du corps politique par l'entremise de l'administration intérieure. Il est évident que si chaque administration gardait la sensation, le chaînon des rapports serait interrompu, la société politique cesserait d'être administrée; tout vient du centre et doit retourner au centre, car la nécessité de créer une loi arrive du centre de l'État, et l'exécution retourne au centre. L'administration générale est le *sensorium*.

Dans les sociétés politiques, l'équilibre de la population se rétablit par la compensation des mortalités, par les naissances. Par l'émigration, un État perd ce qu'un autre gagne.

La balance politique de l'Europe est encore un problême mal résolu. Si la Russie, la Prusse et l'Autriche, avaient mieux connu l'équilibre des forces des États, elles n'eussent point partagé entre elles la Pologne. Mais la diplomatie s'écarte souvent des règles de la politique.

Le systême de balance commerciale offre ces mêmes défectuosités. L'Angleterre s'est constamment égarée en prétendant envahir le monopole du commerce, et ces écarts auront pour elle des suites funestes. Les nations se sont réciproquement utiles. Si un négociant ruine un manufacturier en lui vendant les matières premières, il perd son débouché dans la manufacture; s'il entreprend la gestion de son établissement, et que cette gestion soit au-dessus de ses forces, il se ruine à son tour. Le consommateur est nécessaire au marchand, mais le marchand est aussi indispensable pour le consommateur. Une nation qui, par le monopole, ruinerait les autres nations, annihilerait ses relations avec elles; alors plus de profits. Bornée à son commerce de consommation intérieure, ses capitaux deviendraient inactifs.

Les guerres suscitées à la France sur le continent par l'Angleterre; celles suscitées aux autres nations par la France, ont dérangé l'équilibre commercial. On en aperçoit les funestes effets. Les relations ont perdu leur mouvement, l'équilibre est détruit; c'est l'activité commerciale de la France qui rétablira seule cette équilibre à cause de l'importance de cet État, et de son poids dans la balance politique et commerciale. Les alliés ont donc agi impolitiquement en accablant la France, en cherchant les moyens de la ruiner. O gouvernemens que vous êtes aveugles! Peuples que vous êtes à plaindre!

MÉDECINE POLITIQUE.

AFFECTIONS PHYSIQUES ET MORALES DES CORPS POLITIQUES.

« La politique, dit Phocion dans ses *Entretiens avec Aristias*, est la *médecine des Etats*, et cette médecine n'a pas moins besoin que l'autre de connaissances et de méditations. »

» Imaginez, Aristias, des voyageurs imprudens, qui, partant d'Athènes pour se rendre à Corinthe, sans s'instruire du chemin qu'ils devaient prendre, se seraient égarés sur la route de l'Ionie, de la Thrace ou de la Macédoine: en allant toujours devant eux, ils parviendraient jusque dans les provinces où naît le jour, chez les nations qui habitent sur les bords du Tanaïs; mais ils périraient de fatigue et de misère avant de trouver, sur les frontières du monde, cette Corinthe qui n'était d'abord qu'à quelques stades d'eux, où ils pouvaient se rendre promptement et commodément. Telle est l'erreur de tous les peuples; ils cherchent péniblement le bonheur où il n'est pas, et ils nomment *politique* l'inquiétude qui les agite dans une course incertaine et trompeuse. »

Phocion a raison. Je compare les gouvernemens à ces hommes distraits, qui remuent tous les livres et les papiers de leur cabinet pour trouver la plume qu'ils ont à la bouche.

La science politique, ainsi que les sciences physiques et naturelles, a son hygiène et sa pathologie; elle conserve la santé du corps politique, ou la rétablit.

Les affections physiques et morales de l'homme dérivent d'un trouble, d'un relâchement dans l'activité des rapports qui existent entre ses parties intellectuelles et ses parties matérielles; ce trouble, cette intermittence dérogent au vœu de la nature et à ses lois; ces effets sont produits par une cause, car il faut répéter sans cesse cet axiome si connu, dont on fait rarement l'application en politique : *il n'existe point d'effets sans causes.*

Dans l'homme, les facultés intellectuelles sont nécessaires à l'existence de son corps, puisque, sans discernement, sans jugement, dénué d'instinct, il ne pourrait agir et subvenir à ses besoins.

La Fontaine, dans sa fable du *Ventre et des Membres*, a donné une bonne leçon de morale. Si l'estomac est délabré (en employant le style figuré), il dit à l'esprit qu'il ressent la nécessité de recevoir des alimens. Les membres s'affaiblissent par l'inanition ; le ventre éprouve des douleurs ; alors le *sensorium*, recevant la perception de ces sensations, ordonne, par un acte de sa volonté, aux jambes de marcher pour aller chercher la subsistance, aux bras de se mouvoir, aux mains de la prendre et de la porter à la bouche, à la mâchoire de la triturer. L'estomac la reçoit, la travaille par la digestion, et répand dans les vaisseaux, dans les membranes, des sucs nutritifs qui communiquent des principes de vie à tout le corps, en fournissant un nouveau sang qui circule dans les veines, et entretient par sa circulation la présence du moteur vivifiant. Cette circulation, ce rétablissement de l'ordre fait renaître les rapports et les communications entre les organes matériels et les organes immatériels.

Ces organes sont dans une dépendance mutuelle ; car si les membres refusaient d'obéir, cette désobéissance entraînerait à la fois leur destruction et celle des organes immatériels ; de même, dans le corps politique, cette dépendance mutuelle est indispensable, puisque la société se désorganiserait par la privation du gouvernement et de l'administration générale, qui est de même essence ; car si les membres étaient disloqués, plus de nation, plus de gouvernement : plus de gouvernement, plus de nation. Ces vérités, mathématiquement et logiquement établies ; ces rapports parfaits, entre l'organisation animale et l'organisation politique, me conduiront à d'importans et lumineux résultats.

Lorsque l'homme jouit de toutes les commodités de la vie, ses organes ne peuvent être affectés par le besoin ; le dérangement qui s'opère accidentellement dans ses fonctions vitales, démontre l'influence d'un agent étranger qui cause ce trouble. Que reste-t-il à faire ? Extirper la cause, exclure ou détruire l'agent, et l'effet disparaît. Ne nous écartons pas de ce grand principe, *point d'effets sans causes, point de causes sans effets.*

Les affections morales du corps humain, c'est-à-dire de l'homme, troublent son organisme : l'amour, l'amitié, les sensations de joie ou de chagrin, sont des affections naturelles qui se portent à l'ame, qui s'accroissent ou dégénèrent selon la force de la perception. Le sentiment reçu de la perte d'un ami, d'un père, d'une épouse, affecte les organes; mais ces affections ne sont détruites qu'en détournant, par une cause étrangère, le siège de l'affection; de là, cet axiome vulgaire erronné, le temps fait passer l'amour, le chagrin; sensations qui ne sont réellement détruites que lorsqu'elles sont remplacées dans le cerveau par de nouvelles perceptions reçues par le *sensorium*, et par de nouvelles affections de la part des objets extérieurs qui causent l'éloignement, la dissipation, la distraction de la première sensation ou de la perception.

Les affections morales du corps politique, proviennent ou des fautes du gouvernement, de la négligence de l'administration, ou de l'influence des agens étrangers, de la fronde de l'opinion publique, des actes arbitraires, de la dérogation à l'esprit des lois fondamentales et administratives par les magistrats; il en résulte la naissance d'un foyer de séditions qui éclate tôt ou tard. Les facultés intellectuelles, c'est-à-dire le gouvernement et l'administration générale, sont obligés de dévier de leur ligne ordinaire; leur marche cesse d'être régulière; de là, le recours a des lois et ordonnances extraordinaires qui enfantent de nouveaux déréglemens en entretenant le foyer de séditions, bien loin de l'éteindre. Au lieu de prévenir les désordres par une sage conduite politique, les gouvernemens sont forcés à faire trop tard des efforts superflus qui compromettent leur existence en exaspérant l'esprit populaire. Ces déréglemens de l'esprit qui régissent les corps politiques, influent sur le physique et causent une maladie qui peut progressivement s'aggraver et prendre un caractère effrayant; pour éviter la gangrène, les gouvernemens sont réduits à la nécessité d'employer des moyens trop violens, et même de couper des membres; des agens étrangers extraient quelquefois des parties indispensables à l'existence du corps politique qui devient langoureux et débile; il perd de ses forces, ses facultés intellectuelles perdent de leur puissance et de leur action.

Les maladies physiques sont de même nature que celles du corps humain. J'ai remarqué que le principe vital entretenu par la circulation causée par le renouvellement des besoins continuellement satisfaits, régénère le sang, et communique la force au corps et à tous les membres, sans affecter les organes intellectuels qui conservent leur intégrité.

Le défaut des sucs nourriciers de circulation dans le corps politique, produit infailliblement un désordre dans les relations de ses parties organiques; les canaux et les chemins de toutes espèces sont les veines et les vaisseaux dans lesquels se répandent et circulent les substances nutritives du corps social; les administrations intérieures, sont le cœur et l'estomac qui communiquent à l'administration générale les besoins des membres, et distribuent les substances vivifiantes, puisque les administrations intérieures sont les points de contact et de correspondance entre la tête et le cerveau, et les autres parties du corps politique. Le corps, proprement dit, est représenté par les commerçans, les manufacturiers et les cultivateurs. Les bras et les jambes représentent la partie active, c'est-à-dire, les ouvriers, les artisans. Les propriétaires sont la tête, étant plus intéressés à la conservation du gouvernement et de l'État lui-même; car la tête humaine renferme le cerveau, les organes intellectuelles, et tient au corps. Si le *sensorium* disparaissait, la tête serait en danger; si le corps se désorganisait, que deviendrait la tête? Que deviendraient les propriétaires dans ce cas? Plus de cultivateurs pour entreprendre la culture des terres, plus d'ouvriers pour les cultiver, plus de commerçans pour échanger ou acheter les produits, plus de manufacturiers pour les préparer, les transformer, leur donner de la valeur; enfin, plus de consommateurs pour les absorber et provoquer le renouvellement annuel de leur rente, puisqu'ils ne composent qu'une faible portion de la population. Sans propriétaires, les commerçans, les manufacturiers peuvent encore exister, en achetant, en transformant, en échangeant, en consommant les matières étrangères, comme en Hollande, et dans quelques autres pays non agricoles.

La circulation est un agent puissant qui soutient le principe de vie dans le corps humain comme dans le corps politique; mais elle ne peut être entretenue que par l'introduction des sucs nutritifs préparés par la consommation. Il est évident, en raisonnant conséquemment, que la consommation et la circulation sont les ressorts actifs qu'un gouvernement doit faire mouvoir, puisque leur présence et leur action impriment et conservent le mouvement aux organes tant matériels qu'immatériels.

Les alimens, qui composent la consommation du corps politique, sont les produits des terres, les denrées exotiques et indigènes renfermées dans les magasins du commerce, et les produits de l'industrie.

Mais, sans l'introduction des liquides, les alimens, après la mastication et la digestion, s'étendraient-ils, se diviseraient-ils dans le corps humain pour porter les sucs nourriciers dans toutes les parties du corps, et donner de la force à tous les membres? Non, sans doute, il n'y aurait point de déplacement, et par conséquent point de circulation. Les liquides sont donc indispensables pour faire mouvoir les digestifs.

Quelles sont ces parties liquides actives qui, avec les alimens, sont les premiers agens du principe de vie dans le corps politique? Ce sont les capitaux, c'est-à-dire, le capital matériel réel, le numéraire, le capital matériel fictif, les transcriptions et obligations circulantes, etc., valeurs de convention, déplacent les denrées, les produits, et les font circuler.

En ne cessant de remonter aux causes, en descendant par degrés de conséquence en conséquence, l'esprit humain parvient du connu à l'inconnu, et obtient des solutions qui, cessant d'être métaphysiques, deviennent des vérités mathématiques, des théorèmes et des axiomes qui sont des guides certains.

Sans moyens d'échange, les produits des terres et des manufactures n'acquièrent aucune valeur; plus de termes de comparaison, plus d'échelle de proportion, plus de compas et de graphomètre pour comparer les rapports, fixer les valeurs, et mesurer les distances. Un commerçant, dont les vastes magasins seraient gorgés de marchandises sans valeur, ou dont il ne pourrait se débarrasser à aucun prix, serait tout aussi appauvri qu'un pâtre qui ne posséderait qu'un monceau de pierres dans sa cabane.

S'il n'y a point introduction de liquides, c'est-à-dire, de capitaux actifs, thermomètre des échanges, les avances de la culture n'existent plus, le salaire du pauvre disparaît avec les profits du commerce; les alimens n'étant point divisés et répandus dans les canaux, et les veines du corps politique, ne distribuent point les sucs nourriciers, c'est-à-dire, les salaires, les rentes, les profits, l'intérêt de l'argent ou des capitaux qui constituent les seuls et uniques moyens d'existence de tous les membres du corps social, riches et pauvres.

Ces alimens ne circulant point depuis l'introduction dans les ports, ou depuis l'habitation du cultivateur producteur (puisqu'ils ne sont introduits que de ces deux manières), il résulte de ce défaut de circulation que les membres du corps politique ne reçoivent aucun soutien, puisque, dans le cas contraire, ces alimens distribueraient sur leur route, depuis l'introduction ou leur point de départ, à tous les individus intermédiaires entre l'introducteur ou le producteur, et le consommateur des sucs nutritifs qui entretiendraient le principe de vie, c'est-à-dire, des salaires à l'ouvrier, des profits aux commerçans, des rentes aux propriétaires fonciers, et des intérêts aux propriétaires de capitaux. Sans capitaux, point d'échange contre les produits; sans produits échangeables, les capitaux sont inutiles, et le numéraire alors n'a pas plus de valeur que des morceaux de cuir ou des pierres; tout dérive des conventions sociales.

Ainsi donc un corps politique, qui ne possède point dans son sein des liquides ou capitaux actifs, ou représentatifs, ou supplétifs, n'a qu'un simple souffle de vie; il languit, reste agonisant, et finit par mourir : tel est l'ordre naturel contre lequel aucune force humaine ne résiste.

Je résume donc cette matière en disant : si quelques organes du corps politique sont affectés, les rapports et les communications sont plus ou moins interrompus; si la consommation des propriétaires s'affaiblit, les hommes industriels sont entravés dans leurs opérations; la circulation ne corroborant point toutes les parties du corps, le principe de vie est atténué, et la santé altérée : si les bras et les jambes sont paralysés, l'existence du corps est menacée; il en résulte une désorganisation dans les parties corporelles, qui, en troublant les fonctions intellectuelles, annonce une fin prochaine. Ainsi donc la consommation et la circulation sont les grands régulateurs de la médecine politique.

MALADIE DE NOTRE CORPS POLITIQUE.

En réfléchissant avec attention sur l'organisation des corps politiques, on se convaincra que la partie la plus dédaignée est la plus intéressante, la classe du bas peuple; car les ouvriers de toutes professions, qui la composent, sont les membres essentiels, les parties actives du corps. Cette classe est, sans contredit, la plus utile; elle offre un double intérêt bien réel. Elle est indispensable aux propriétaires et cultivateurs pour rendre les terres productives, aux commerçans pour vendre et faire circuler les marchandises, aux fabricans et manufacturiers pour activer leurs ateliers; indispensable à l'État, puisqu'elle compose la grande majorité des forces militaires.

Sous le second rapport, elle est encore intéressante, puisqu'indépendamment de la valeur qu'ajoute son travail aux produits des terres et des manufactures, elle dépense, en outre, son salaire, devient consommatrice, et l'un des principaux agens de la circulation.

Je le répète, la classe la plus utile est la plus dédaignée; c'est elle qui souffre davantage dans les maladies politiques; car la moindre affection, le moindre malaise lui enlève une partie de ses ressources et le pain de ses enfans. Lorsque les autres ont dans tous les temps le superflu ou le nécessaire, ce sont ces membres, si souvent souffrans et paralysés, que l'on persécute, et dont les gouvernemens ne se sont jamais assez occupés, en ne faisant rien pour eux.

Ce sont cependant ces mêmes individus, forts de leur union parcequ'ils sont à plaindre; redoutables, parceque le malheur réunit les malheureux qui réclament envain la protection des gouvernemens, et l'attention des grands vivans loin du grabat sous le faîte de l'opulence; ce sont eux qui se liguèrent tant de fois entre eux, et dont la force motrice irrésistible, s'échappant comme un torrent, brisa les sceptres, renversa les trônes, sapa les palais des rois. O gouvernemens! que vous êtes aveugles!

C'est la cause de ces infortunés que je vais plaider devant le gouvernement, dans leur intérêt, dans l'intérêt de l'état, dans l'intérêt du souverain. Si les juges condamnaient l'infortune en exigeant les dépens, j'en appellerais du gouvernement endormi au gouvernement éveillé. La cour gubernatrice dût-elle pour toujours, par un acte arbitraire, m'interdire la parole; je devinerais et révélerais alors un fatal secret; je dénoncerais le gouvernement au gouvernement; je dirais, je vois dans ce moment le gouvernement conspirer secrètement contre lui-même: et j'aurais fait mon devoir.

J'ai observé que la classe du bas peuple, est la partie active, le soutien du corps politique, sans laquelle les autres parties ne peuvent exister; quelle est la situation actuelle de ces parties actives, de ces agens puissans de la consommation, de la circulation; de ces distributeurs du principe de vie dans le corps social français? Une portion est paralysée, l'autre portion se paralyse de jour en jour par les contrecoups qu'elle reçoit de la diminution de la consommation, et l'extinction graduelle des fonctions vitales, puisque le corps et la tête sont également affectés par ces contrecoups.

Or, dans la diminution de la consommation (1); dans l'intermittence de la circulation (2); dans l'encombrement des canaux intestinaux (3), d'après l'ordre invariable des lois de l'équilibre établie par la nature, j'aperçois la naissance du danger qui menace les

---

(1) Restriction des dépenses des propriétaires, commerçans.

(2) Diminution des profits, dont la cumulation forme les capitaux.

(3) Invente des denrées, du commerce et des produits de l'industrie; invente des marchands détaillans.

organes intellectuels, et le sensorium de notre corps politique; une affection simultanée de tous les autres organes, son anéantissement, ou la convulsion opérée par la volonté de la nature (1), ou le transport, le délire, les mouvemens spasmodiques qui doivent infailliblement affecter fortement les organes immatériels, et imprimer une commotion violente à l'ame. Si dans cette convulsion la nature agit puissamment, le corps politique retrouvera son aplomb; mais si la nature n'agit pas, si elle ne reçoit aucun aide pour détruire les causes, le corps politique succombera dans l'accès de l'anarchie; les facultés intellectuelles disparaîtront, et l'ame, luttant vainement contre la force désorganisatrice en opposant une foible force de résistance, s'échappera et s'évanouira dans les espaces.

Quelles sont les affections morales qui causent cette sombre tristesse, cette inquiétude, cette peine intérieure, ces chagrins cuisans qui affligent notre corps politique? Je vois notre amour-propre et notre intérêt

(1) Comme dans les maladies du corps humain, qui sont du ressort de la médecine spectante.

contrariés par l'occupation de plusieurs places fortes et de notre territoire par cent cinquante milles étrangers, dont la présence insulte à la gloire et à l'honneur du nom français. Notre cœur est déchiré par la division des opinions et des partis; loin de se cicatriser comme veulent bien le dire quelques médecins politiques, superficiels, inhabiles ou dissimulés, ces plaies deviennent de plus en plus profondes par le choc des souffrances intérieures; des yeux mornes, des oreilles toujours attentives indiquent une incertitude sur l'avenir dans ceux-ci; une faible espérance dans ceux-là; une indifférence, une abnégation complète dans les uns; le désir et l'attente d'un changement dans les autres; il en résulte absence de tout esprit national, extinction de l'amour de la patrie, soutien des Etats; sentimens généreux remplacés par l'égoïsme et la réunion des intérêts personnels, effets de la dissention.

D'un autre côté, j'aperçois avec effroi, le désespoir germer dans le cœur de la multitude, qui, sans moyens d'existence, n'étant attachée par aucun lien à la vie politique, est prête à tout entreprendre, à tout ôser, (comme le prouve l'histoire de tous les âges), pour opérer une convulsion qui la porterait sur la roue de la fortune avec laquelle elle formerait un tourbillon, en s'arrêtant à *tout ou rien.* L'homme qui, condamné et abandonné par les médecins, arrive près de la tombe, se trouve n'avoir rien à perdre, mais tout à gagner dans l'usage d'un spécifique empirique et violent. Tel est l'impulsion de l'ordre naturel que l'on voudrait en vain méconnaître; c'est cette impulsion qui constitue ce qu'on nomme *force des événemens.*

Ma théorie n'est ni vague ni abstraite; elle trouve son principe dans les affections du corps humain, dans celles des corps politiques, dans les lois de la nature; et les révolutions des empires, la consolide en fortifiant ses bases.

MOYENS DE GUÉRISON. — CONVALESCENCE ET SANTÉ.

Après avoir décrit l'état de notre corps politique, je dois m'empresser de présenter mes réflexions sur la nature des remèdes mis en usage pour opérer sa guérison, et sur les moyens qu'il serait plus convenable d'employer pour parvenir à la solution de cet important problême. Je ne m'écarterai point des principes que j'ai posés; je suivrai la marche naturelle des idées; je procéderai du connu à l'inconnu, puisque je possède des connus. J'obtiendrai un résultat mathématique en détruisant les effets par la connaissance des causes, en observant les règles de la logique, en marchant de conséquences en conséquences, j'aurai pour résultat $2 + 3 + 4 = 9$, et $9 - 4 - 3 - 2 = 0$.

Quels sont les moyens employés? Je vois d'abord dans notre systême de finances, un vieux topique, dont les élémens, dangereux pour la santé, opèrent par l'effet de l'application, des crispations dans les intestins, et qui n'est par conséqûent qu'un irritant, bien loin d'être efficace et calmant. Pris intérieurement, ce remède agit sur les parties les plus éloignées; l'impression qu'il cause étant d'une saveur âcre et forte, resserre, ferme les orifices vasculaires, en s'opposant à l'action du grand principe vital, *la circulation*. Ce remède qui devrait naturellement porter la vie dans tous les membres, se bouche lui-même le passage *en irritant les parties qu'il touche*.

Si l'on considère ce topique comme attractil, comme vésicatoire, on verra que bien loin d'extraire la cause de la maladie, il atténue nos forces vitales en attirant au contraire le sang le plus pur qui n'est point renouvellé par l'usage d'une bonne nourriture. Il attire aussi des fluides (1) nécessaires à notre existence, et qui, une fois enlevés au corps, n'y rentrent plus (2). Il raréfie les sucs nourriciers, au lieu de les renouveller, puisque la circulation perd de son activité par les agens qui l'entravent. Ce système est donc une véritable sangsue publique; il doit résulter de son application des effets morbifiques.

---

(1) « Les capitaux, par les profits du commerce; les droits énormes d'enregistrement qui sortent de la bourse des propriétaires et commerçans, et ne rentrent dans la circulation que par des canaux étrangers à la source des richesses.

» Si un négociant possédait 400 mille fr., s'il achetait une manufacture par le prix de 300 mille fr., en réservant 100 mille fr. pour l'activer; par l'effet des des droits, il ne lui resterait évidemment que 80 à 82 mille fr. La différence de 18 à 20 mille fr. serait perdue pour l'industrie. »

(2) « Par l'effet des valeurs nominales et des contre-coups des impôts qui se choquent et se croisent. »

(*Voir* mon *Essai philosophique*, p. 321, 350, 421.)

Je compare la création des rentes à un remède que l'on force le malade à avaler, en lui faisant violence pour atténuer ses facultés pécuniaires, en exigeant une forte somme dont la perte n'est point compensée par le soulagement à ses maux.

Ce systême est du nombre de ces spécifiques empiriques, que des médecins vendent fort cher en promettant guérison, et qu'ils considèrent comme un moyen de fortune. Qu'ils soient efficaces, qu'ils activent la circulation, qu'ils rétablissent ou non la santé, qu'ils conduisent par la suite le malade au tombeau, peu leur importe; s'ils gagnent beaucoup d'argent en peu de temps, ils sont satisfaits : leur but est atteint. On sentira, je crois, la force de cette pensée, et la justesse de ma comparaison.

Le trésor public est le médecin vendeur; il a des besoins. Le peuple, par les impôts, paie à haut prix ce remède, qui n'enlève pas le principe de la maladie, n'opère point la guérison de notre corps politique en rétablissant partout la circulation. Si la vente est productive, le trésor est content; mais cette vente serait-elle réellement productive? Quand on applique un exténuant à un malade exténué, qu'arrive-t-il? Il est facile de le deviner.

Ainsi donc ce système, qui n'est qu'un moyen de finances, n'opère réellement pas la guérison de notre corps politique, dont la maladie offre des symptômes effrayans, signes caractéristiques de notre agonie. Il est donc urgent, indispensable, de faire usage d'un nouveau remède dont la vente soit productive, et dont l'application conduise le malade à la convalescence, qui fasse circuler dans tous ses membres paralysés le principe de vie, après avoir détruit le principe viciant; c'est ce que je n'aperçois pas dans notre pharmacopée politique.

Vers la fin du règne de Louis XIV, notre corps politique éprouva une forte convulsion; il reprit quelques forces au commencement de la Régence, puis il s'affaiblit sous les premières années du règne de Louis XV, devint moins souffrant pendant la paix de 1762 à 1769, mais portant toujours dans son sein une plaie financière, devenue incurable par l'application de ce remède, que l'on mêla quelquefois avec des potions calmantes; il finit par expirer sous Louis XVI. C'est ce même remède qui, en 1816, porta une nouvelle atteinte à notre santé; c'est ce fameux spécifique qui a tué un convalescent, que l'on voudrait employer pour guérir un malade à l'agonie. O ma patrie! ma pauvre patrie! tes jours sont en danger! Faisons une convocation de médecins politiques désintéressés; les élus de tes enfans seront ces médecins.

Dira-t-on que les affections morales et physiques de notre corps politique disparaîtront avec le temps; que le calme et la santé renaîtront? Il me semble que l'on s'étaie sur ce principe erroné depuis la rentrée du corps législatif.

Les lois dont on s'occupe ne sont que des corroborans, des fortifians de l'ordre social. Un corps politique peut exister sans un nouveau système d'élections, lorsqu'il en possède un ancien, jusqu'au moment de sa convalescence; car des lois d'élections et autres, n'apportent point la consommation, n'activent point la circulation. Une loi sur la restriction de la liberté individuelle deviendrait inutile, s'il y avait consommation, circulation. C'est le défaut de circulation et de consommation qui donne naissance à des causes qui provoquent cette mesure; or, les causes cessant d'exister, les effets se détruisent. Le défaut de consommation et de circulation, et les affections morales, sont les principales causes de notre maladie politique; donc les fortifians sont intempestifs. Que dirait-on d'un médecin qui, en traitant un malade *privé de l'usage de ses membres*, et dans un état d'agonie provenant d'une fièvre putride, lui ferait prendre des liqueurs spiritueuses, un vin généreux, et des mets succulens qui ne conviennent qu'à des convalescens affaiblis, desséchés, amaigris par une longue maladie, dont le germe est détruit, et dans le corps desquels la circulation se rétablit?

Je pense que tous ces raisonnemens sont fondés sur des bases solides. Je défie aux ministres du roi, aux députés de la nation, à tous les magistrats, de les réfuter sans employer, pour me combattre, l'arme du paradoxe et du sophisme.

On s'écarte sans cesse des grands principes: *les effets ne peuvent être détruits que par la destruction des causes; il faut créer des causes pour produire des effets, établir un moteur pour produire un mouvement, et supprimer le moteur pour arrêter l'action.*

Quelles sont les causes dont les affections physiques du corps politique français sont les effets? Je les vois dans les charges énormes qui pèsent sur les citoyens, dans les impôts considérables payés directement et *indirectement* par les propriétaires, qui sont dans la nécessité d'apporter une restriction dans leur consommation, soit sur le superflu, soit sur le nécessaire.

Je les retrouve dans la diminution des profits du commerce et de l'industrie. Cette diminution, cette cause est elle-même un effet qui dérive d'une autre cause, et des contre-coups que se portent les restrictions apportées dans les dépenses de toutes les classes de citoyens. Si ces classes dépensaient davantage, les fabricans en coton, par l'accroissement de leur consommation en draps et toiles de lin, activeraient les manufactures de draps et les fabriques de toiles de lin; les fabricans de toiles de lin et les manufacturiers de draps, par l'accroissement de leur consommation en toiles de coton, activeraient les fabriques de cotonnades. A ces demandes se joindrait la cumulation des demandes des propriétaires, des cultivateurs, des ouvriers, et de cette classe si populeuse qui imprime tant de mouvemens aux fabriques, dont les produits se vendent à bas prix, en donnant des profits avantageux aux producteurs, des salaires aux travailleurs qui travaillent eux-mêmes à leur propre consommation. Cette activité, dans les manufactures et dans les relations commerciales, occuperait toute la classe du peuple. Donc les contre-coups produits par l'effet de la circulation et de la consommation, sont de la plus haute importance, et méritent de fixer l'attention du gouvernement, il en résulterait une guérison complète des affections physiques qui influeraient sur l'amélioration du moral, puisque les causes étant le défaut de circulation et de consommation, la circulation et la consommation une fois rétablies, les causes et les effets disparaîtraient.

Si ces causes ne sont pas détruites, jamais, avec le temps, on détruira les effets; avec le temps, un convalescent redevient en santé, parce qu'il n'existe plus en lui ni affection ni maladie. J'ai eu occasion de remarquer que les affections physiques et morales du corps humain que l'on croit avoir été détruites *par le temps*, l'ont été *avec le temps*, parce que l'on a substitué des moteurs et des causes à d'autres moteurs à d'autres causes, qui ont produit de nouveaux mouvemens et de nouveaux effets.

Pour imprimer l'action au corps politique, il faut un moteur. Je ne l'aperçois pas dans les opérations du gouvernement : le trouvera-t-on dans son système de finances, qui n'est qu'un remède plus ou moins pruductif, qui ne guérit pas, n'enlève point les causes, mais aggrave les effets ?

Je reviens aux affections morales ; j'ai considéré ces affections sous deux rapports. Il est facile de se convaincre qu'elles proviennent de l'influence des affections physiques : ces dernières étant les causes, les effets se détruiront avec elles. Dans le cas contraire, qu'arriverait-il ?

La misère publique, et surtout la misère du bas-peuple, dont une partie n'a pas le nécessaire, peut-elle durer encore *une ou plusieurs années* ?... Si le sentiment de l'honneur et de la gloire ; si le desir de conserver leur bonheur, leur tranquillité et leur liberté, portent les hommes aux grandes actions et leur donnent du courage, le sentiment de la misère peut les porter à de grands excès.

Quand un père ne tient plus dans ses mains le pain de sa famille ; quand son cœur est déchiré (car l'indigent a aussi un cœur) par les cris et les pleurs de ses enfans en bas âge qui tendent vers lui leurs bras innocens, et dont la paupière mourante semble lui reprocher le bienfait de l'existence qu'ils ont reçu de lui, croit-on que l'homme sensible ne soit pas électrisé et porté à commettre des actes de désespoir? Ne dira-t-il pas, j'ai mis ma personne, ma vie, ma famille sous la protection du gouvernement; mes bras attendent le travail, je demande du pain, pour moi, pour mes enfans, je suis prêt à le payer de la sueur de mon front? Serai-je insensible à l'idée de l'anéantissement de mon être et de la perte de mes enfans? Serai-je criminel si le désespoir, qui égare mon imagination, qui trouble mes sens, me porte à vouloir obtenir aux dépens de ma vie, mon existence, le simple nécessaire. Le désespoir et la misère fournissent des armes, le cri du malheur est le signal qui appelle les malheureux, l'instinct de l'indigence les rassemble incontinent, l'union forme leur force formidable.

« Plein d'humanité à l'égard des artisans, dit Phocion, que le gouvernement qui ne peut *s'en passer* les gouverne sans les mépriser; le magistrat doit avoir soin que le travail leur fournisse une nourriture certaine et abondante, ou ils deviendront les ennemis du gouvernement, comme les Ilotes le sont des Spartiates, et on aura à se reprocher *la moitié de leur crime*, le châtiment même dont on essayerait de les punir. »

Peut-on compter sur des soldats tirés de la classe du bas-peuple pour dissiper des rassemblemens dont la misère est l'instigateur, dont le désespoir est le véhicule, le grand levier qui les soulève. Un soldat apercevra sur l'avant-scène de la révolte, sa mère entourée de ses jeunes frères, de ses jeunes sœurs; nouveau Néron, portera-t-il un fer parricide sur ce flanc dans lequel se forma son être? Portera-t-il des coups meurtriers sur ses concitoyens, lui qui n'est soldat *que pour défendre l'état, pour protéger les intérêts de tous*, quand il saura qu'il n'a point à combattre des malveillans, de véritables séditieux, des conspirateurs, mais des hommes avec lesquels l'infortune le réunirait s'il n'était militaire, contre lesquels il suffirait de diriger une mitraille de pains pour les désarmer et les rappeller à l'ordre? Répandra-t-il le sang d'un million de citoyens, quand il faut répandre des sacs de froment et des spiritueux dans les canaux du corps politique.

La France est malheureuse; un nouvel Épiménide pourra-t-il le croire? Eh quoi! dira-t-il, elle est malheureuse cette France si favorisée des dieux ; ce nouveau paradis terrestre ; ce pays dont les côtes étant battues par les vagues de la Manche, de l'Océan et de la Méditerranée, peut communiquer avec la mer du Nord, les deux Indes, l'Afrique et l'Asie, dont les frontières sont voisines de celles des principaux peuples de l'Europe ; cette France qui renferme le temple des beaux arts et le sanctuaire des sciences ; dont le sol si fertile sous les climats tempérés du septentrion et du Midi, est traversé par tant de fleuves et de ruisseaux ; cette France si renommée par la douceur, la civilisation, le courage, l'industrie de ses habitans, si puissante par l'étendue de son territoire, de sa population, de ses richesses, de ses ressources, dont la langue est parlée par ses voisins ; cette France à laquelle la bonne nature a tout prodigué ; dont les enfans pourraient se suffire à eux-mêmes, et vivre isolés du monde entier ; cette France est dans la misère : je ne puis le croire.

Ah ! répondrais-je, le fait est réel ! Sa dette ne s'élève qu'à la moitié d'une année de ses revenus en temps ordinaire, et au quinzième au plus de sa richesse nationale qui se réduit chaque jour, *car la France vit sur une partie de son capital.* O pauvre France! s'écriera le nouvel Epiménide, je vous plains; vous pouvez vous sauver, vous vous donnez la mort en vous exténuant; craignez le foudre du Dieu punisseur qui tombera bientôt sur la tête d'une ingrate indigne de ses faveurs.

MÉCANISME DES GOUVERNEMENS.

La monarchie paraît être le gouvernement naturel des sociétés politiques; les anciens peuples furent soumis à la monarchie comme les Egyptiens, les Perses, et beaucoup d'autres dont l'histoire nous offre la nomenclature; on vit peu de républiques, mais chez les peuples qui firent de grands progrès dans la civilisation, la monarchie absolue cessa d'exister. Les Grecs et les Romains eurent leurs rois; les petites sociétés politiques de la Grèce furent régies par la monarchie et la démocratie.

A Rome, après l'expulsion des Tarquins, la république s'éleva sur les débris de la monarchie, et sur les débris de la république s'éleva la monarchie des Césars. La monarchie absolue n'a point régi les peuples éclairés. Si la démocratie et la monarchie furent les gouvernemens des peuples naissans, les progrès de la civilisation modérèrent la monarchie. Si les gouvernemens démocratiques de Rome, d'Athènes, de Lacédémone, etc., n'avaient pas été soutenus par un ardent amour de la patrie, et par de fortes institutions adoptées au caractère guerrier de ces peuples par leurs législateurs, les républiques auraient eu moins de durée. La monarchie, née de la démocratie, conserve des formes démocratiques. Les nations les plus célèbres, Rome, Carthage, l'Angleterre et la France, après la chute de leur système républicain, finirent par obéir à une monarchie tempérée, combinée avec la démocratie; ce gouvernement est le gouvernement naturel qui convient aux grandes nations civilisées, quelque soient les rêveries des républicains et des partisans de la monarchie absolue, puisque la monarchie tempérée donne la force nécessaire à l'administration d'un grand état, dans la personne d'un chef dont l'autorité évite les inconvéniens de l'anarchie; elle offre les avantages que les membres du corps social ont droit de réclamer comme hommes et comme citoyens.

Les républiques furent quelquefois gouvernées par des monarchies fictives, comme au temps d'Alcibiade, de Périclès, de Pisistrate; Rome détourna plusieurs fois le coup fatal que lui réservait l'ami de Marc-Antoine. Les républiques enfin, lorsqu'elles ne furent pas conquises, comme Athènes, Lacédémone, expirèrent sous les coups d'un ambitieux; Rome vit un César, l'Angleterre un Cromwel, la France un Bonaparte. Ainsi, comme l'observe Montesquieu, la démocratie finit par la monarchie.

La monarchie est un être moral représenté par un être physique qui n'a de consistance que dans les concessions du corps politique, ou qu'elle lui dérobe lorsque la société est dans l'état d'enfance. La monarchie prend sa naissance dans la structure du corps politique, comme la première femme qui fut formée par l'extraction d'une côte de l'homme, la monarchie faible et sans consistance par elle-même, ne reçoit donc de force que de la force démocratique. La monarchie est la compagne du corps démocratique ou politique; de leur union, naissent de nouveaux êtres qui en resserrent les nœuds, savoir: la puissance exécutrice et la puissance législative. C'est la naissance de cette puissance exécutrice qui établit les droits auxquels la monarchie peut prétendre selon la plus ou moins grande étendue des clauses renfermées dans le contrat d'union.

Le mot *monarchie* dérive de deux mots grecs, *monos arché, commandement d'un seul.* On a donné à ce mot une plus ou moins grande acception.

Les hommes, en se réunissant en société, furent dans l'impossibilité de se gouverner eux-mêmes; ils obéirent à un chef, dans l'état d'enfance. Lorsque les sociétés se civilisèrent, ce chef prit une attitude plus imposante, le gouvernement reçut plus de consistance; ce chef devint un monarque : ce titre fut échangé contre celui de pharaon en Égypte, de czar en Moscovie, de roi, d'empereur, etc.; mais les pharaons, les czars, les rois, les empereurs, les mogols, les sultans, les saphis, les califes, les incas, étaient des chefs monarchiques qui dirigeaient le gouvernement d'un seul.

Les peuples républicains obéirent également au gouvernement d'un seul. Le peuple faisait des lois; et un être moral, tiré de son sein, représenté par des êtres physiques, était chargé de l'exécution des lois, et revêtu du pouvoir exécutif. Le pouvoir exécutif des consuls romains devint l'apanage, le domaine des empereurs romains. Le pouvoir exécutif était tenu par les consuls à Rome, par les rois à Sparte, par les archontes à Athènes, par les suffètes à Carthage. Les élus étaient changés et renouvelés; mais l'être moral, le gouvernement représenté par les rois, les consuls, les suffètes, les archontes, existait sans cesse; l'ame du corps politique n'expirait point. Dans l'être moral démocratique, comme dans l'être moral monarchique, on trouve le gouvernement d'un seul, c'est-à-dire la monarchie, prise dans la véritable acception du mot. Or, sans corps moral, sans monarchie, point de corps politique; sans corps politique, point de monarchie.

Le gouvernement despotique offre aussi l'union de la monarchie et de la démocratie, sans contrat. Alors, la monarchie despotique agit au gré de sa volonté qui crée la loi, et l'acte de sa volonté est le pouvoir exécutif qui la fait exécuter. Il en est de même de la monarchie absolue, avec cette différence que sa volonté et ses actes reçoivent plus ou moins de restriction par d'anciennes conventions.

Dans le gouvernement républicain, la monarchie est en quelque sorte éliminée, ou cachée par la trop grande étendue des droits du corps politique et de ses volontés; elle n'est point en évidence. Lorsque les nations se civilisent progressivement d'après les lois de la statique politique, la société restreint ses prétentions et ses droits qui couvrent la monarchie; le corps moral démocratique cède sa place à la monarchie, représentée par un être physique, le monarque, dont elle devient l'apanage, parce qu'une grande nation en s'éclairant doit sentir la nécessité de déléguer la monarchie à un seul être physique, pour donner plus de force au gouvernement.

Sous la monarchie despotique et absolue, les hommes obéissent aveuglément, parce que les peuples étant dans l'enfance, l'adolescence ou la jeunesse, leurs facultés n'étant point encore suffisamment développées, les lumières n'ayant point élevé la civilisation au degré marqué par l'ordre naturel, les gouvernés ignorent l'étendue de leurs forces; ils ne voient le colosse monarchique qu'avec un œil microscopique; ils obéissent sans discernement lorsque le monarque fait un geste, un signe, ou prononce une parole.

Si le cheval et le bœuf, qui voient dans l'homme un être colossal, avaient reçu comme lui, de la nature, une organisation différente et plus parfaite, la raison et l'intelligence, alors le discernement leur inspirerait le sentiment de leur force supérieure; ces animaux, au contraire, obéissent à mesure que la voix de l'homme s'élève ou se répète.

Lorsque les corps politiques parviennent à l'âge viril, leurs facultés doivent se développer; ils connaissent leur force et secouent le joug; alors le corps démocratique qui, uni à la monarchie, était en quelque sorte dans la situation d'un époux interdit, retrouvant sa raison, fait valoir ses droits, et reprend la puissance législative, comme un chef de société de famille fait des lois patrimoniales, exécutées par son épouse et ses enfans; l'époux, selon l'urgence ou sa volonté, autorise son épouse à faire des lois et des règles domestiques conjointement avec lui, par consentement verbal, par un contrat civil ou une délégation spéciale.

Comme l'être moral monarchique ne peut disparaître sans compromettre l'existence du corps politique, la puissance doit être héréditaire dans l'être physique qui en est revêtu, puisque la société politique existe sans cesse. Lorsque le système électif est introduit, il en résulte que, pendant l'intervalle qui s'écoule entre le décès et l'élévation du monarque, la monarchie est éliminée, et la démocratie reprend ses deux pouvoirs.

MÉTEMPSYCOSE POLITIQUE. — L'HOMME MONARQUE MEURT. — LE MONARQUE NE MEURT PAS.

Pendant l'existence du corps social, la monarchie, l'être moral, ne meurt pas; il est immortel. Les vieux membres du corps politique se trouvent remplacés et renouvellés par les enfans; les morts revivent dans les naissans. Le monarque qui décède se régénère ou revit dans son successeur; par l'effet de la métempsycose politique, la monarchie est l'ame qui anime un autre être. Le prince monte sur le trône, le prince n'est plus; c'est un nouvel être animé par la monarchie, dont il reçoit une nouvelle vie; c'est un monarque. C'est avec raison qu'Octave oublia et méconnut les offenses faites au fils adoptif de César : Octave n'était plus, mais Octave était empereur.

Pendant l'orage révolutionnaire, Louis XVI mourut homme et monarque; le roi n'était plus. La monarchie, le gouvernement d'un seul, l'ame politique anima la convention; car autrement il n'y aurait pas eu d'*unité*, de gouvernement d'un seul. La convention, corps démocratique, réunit les deux pouvoirs; la monarchie existait, mais elle y fut en tutelle et interdite. Elle retrouva sa raison, et reprit ses droits; elle avait animé un être roi dans Louis XVI, elle anima un empereur dans Napoléon. La monarchie était immortelle; il y avait encore *unité morale.* Napoléon abdiqua et mourut empereur politiquement, et vécut comme homme, de même qu'un prince meurt et revit monarque.

La monarchie passa en tutelle sous le gouvernement provisoire démocratique; elle reparut dans tous ses droits, et anima Louis XVIII. La journée du 20 mars tua le roi; l'unité morale, la monarchie, l'ame du gouvernement, anima Bonaparte; le monarque disparut : l'ame du gouvernement, l'unité, anima le gouvernement provisoire, deuxième du nom. La monarchie, éliminée, reparut pour animer Louis XVIII, et l'unité ne cessa pas d'exister.

Lucien Bonaparte dit au sénat: « Napoléon est mort politiquement, vive Napoléon II! » Mais Napoléon II n'a pas régné et ne règne pas, puisqu'il n'a reçu et ne reçoit aucune perception des sensations qu'éprouve le corps politique, et qu'il ne lui a communiqué et ne lui communique aucun mouvement. L'ame anime le corps; la monarchie n'anime pas Napoléon II, qui n'est qu'un prince; car l'unité n'existerait plus.

En principe, et rigoureusement parlant, Napoléon Ier étant mort politiquement, Bonaparte, après le 20 mars, être physique, représentait un nouvel être moral, c'est-à-dire, Napoléon II.

LES ROIS SONT-ILS ROIS PAR LA GRACE DE DIEU? — LE BIEN ET LE MAL ONT-ILS LIEU PAR LA PERMISSION DE DIEU?

Tout homme qui n'est ni athée ni polythréïste, croit à un Dieu, à l'existence d'un seul être supérieur, qui donne la vie à ce vaste univers dont l'étendue incommensurable atteste la présence d'un créateur.

Toutes les religions reconnoissent l'existence de l'être suprême, qui voit, entend et sait tout; donc, tout ici bas a lieu par sa volonté ou par sa permission.

Si nous remontons à l'origine des monarchies, nous verrons que les premiers rois n'étaient pas rois quand ils devinrent rois. Pharamond, Charles-Martel, Hugues-Capet, nous en offrent la preuve. Mais Pharamond, Charles-Martel, Hugues-Capet, ne purent monter sur le trône que par la volonté ou la permission de Dieu. Le premier qui fut roi, fut un soldat ou un citoyen heureux, plus heureux, plus favorisé que les autres par la permission de Dieu.

Le mot grâce, doit être pris dans l'acception de bienfait. Or, les bons rois sont rois par la grâce de Dieu, les mauvais rois sont rois par sa permission, puisqu'ils ne seraient pas rois si Dieu ne leur a pas permis.

Les peuples peuvent être peuples sans rois; mais les rois ne peuvent être rois sans peuples. Un roi dont tous les sujets fuiraient le sol stérile et marécageux qu'ils habitent, pour chercher un climat plus heureux, serait un roi sans sujets; comme un curé sans paroissiens; comme un berger sans brebis.

Les peuples composent les Etats, les Etats forment les royaumes, les royaumes constituent les royautés, les royautés constituent les rois. Or, point de roi sans royauté, de royauté sans royaume, de royaume sans Etat, d'Etat sans peuple; donc, les souverains sont souverains par les constitutions des Etats, ou par la soumission volontaire des peuples sans constitutions.

Les premiers rois ayant été primitivement portés sur le trône par les événemens, les événemens n'ayant lieu que par la permission de Dieu, les rois sont donc rois, en dernière analyse, par la grâce ou la permission de Dieu, par les constitutions des peuples, ou par les peuples sans constitutions.

Après la chute de Napoléon, empereur et roi, quelques écrivains publièrent que M. Bonaparte n'était qu'un diable que l'Eternel nous avait envoyé pour nous punir et nous corriger, quoique Bonaparte, *bona parte*, signifie en bonne part, et Napoléon, *napos leo*, mots grecs, *noir* comme un *lion.*

M. Bonaparte, comme empereur, était donc *noir, furieux* comme un lion; comme envoyé de Dieu, il devait être pris en bonne part, et regardé comme un *grand correcteur.* Phèdre rapporte que Jupiter envoya de son temps une grue qui croqua le peuple des marais pour lui apprendre à vivre. On sait que les ogres, jadis, mangeaient les enfans méchans.

Au temps de Napoléon, *in illo tempore*,

la France était une véritable famille militaire comme le peuple romain ; tout citoyen naissait soldat, tout vieillard était vétéran ; les jeunes gens et les hommes virils étaient des militaires plus ou moins actifs ; la France ne fut donc qu'une grande école militaire dont Bonaparte à la fois gouverneur général, instituteur et *grand correcteur*, s'abbaissait quelquefois jusqu'à l'emploi de père fesseur, en fouettant ou faisant fouetter ses écoliers jusqu'au sang, et même jusqu'à ce que mort s'en suivit. Peut-on lui appliquer cette maxime, *castigat ridendo mores?* Non, ses farces étaient un peu trop tragiques. Au titre de *grand correcteur*, il joignit celui de restaurateur de l'école militaire ; il restaura les émigrés en leur rendant leurs biens non vendus, il rappella les aumôniers à la tête de son école.

Ce *grand correcteur* qui voulait corriger les mœurs, pensa qu'il était important de ne pas fournir à ses aumôniers une table somptueuse, de peur que les sucs trop exquis, et les vapeurs bacchiques les conduisissent vers le paganisme, qu'ils sacrifiassent au Dieu de la treille, qu'ils brulassent un encens profane et sacrilége sur l'autel du temple de Gnide, en abandonnant le vrai Dieu pour les faux Dieux, l'image du Tout-Puissant pour l'idole, le tabernacle pour le veau d'or, et leurs frères pour les favoris de Plutus. Il tomba dans l'extrême, au lieu de restaurer ses aumôniers par une table bourgeoise, il ne leur donna qu'un morceau de pain si sec, qu'il suffisait à peine à leur existence qui fut soutenue par les écoliers pénitens et compatissans.

Mais Bonaparte abusa de ses pouvoirs, et ne remplit ni ses devoirs, ni l'objet de sa mission qu'il croyait éternelle, et n'était que *temporaire*, puisque ses écoliers devenus une fois grands, n'avaient plus besoin de *grand correcteur*.

Il perdit sa place par la volonté de l'Eternel ; étions-nous assez corrigés ? Il n'appartient qu'à Dieu de le savoir. Cependant, le grand correcteur reparut à la tête de son école militaire ; ce ne fut évidemment que par la permission de Dieu. Pourquoi Dieu nous renvoya-t-il son *grand correcteur?* Etait-ce pour lui faire jouer le rôle de la Grue ? Je l'ignore ; néanmoins, nous avons été croqués tous, nous en faisons aujourd'hui pénitence.

Le *grand correcteur* ayant fait représenter à l'Europe une grande tragédie dans les plaines de Waterloo, fut jouer une comédie burlesque sur la plage de Rochefort. La pourpre impériale qui enveloppait le comédien, tomba au coup de sifflet; l'illusion disparut avec le personnage. Dans ce changement à vue, de diable il redevint homme, s'embarqua pour aller jouer dans un autre hémisphère le rôle naturel d'auteur et d'acteur sifflés, et de monarque sans couronne. O vicissitudes humaines!

Depuis un an le *grand correcteur* avait disparu; nous vîmes la canicule se couvrir des sinistres habits de l'hiver, des prières furent adressées à l'Eternel dans les temples dédiés à son culte, et la voix des faibles mortels ne fut point écoutée par le Tout-Puissant: la superstition crut à la fin du monde, lorsque des pluies abondantes ravagèrent nos moissons; les aquilons enfin ralentirent leur soufle impétueux; les nuages se séparèrent, le soleil long-temps dérobé à nos yeux, reparut en lançant sur nous des rayons moins ardens. Après la pluie, vint le beau temps, mais ces beaux jours ne furent pas de longue durée.

L'automme ayant terminé sur notre terre son service trimestral, laissa la nature languissante, se dépouiller de ses rians atours;

l'hiver nous apparut avec sa longue barbe glacée par la froidure du septentrion.

Nous invoquâmes le Saint-Esprit pour obtenir sa bienfaisante influence sur les chambres; dans une d'elle, une dissention effrayante remplace l'union, la paix et la concorde; la France en 1817, est plus à plaindre qu'en 1816. Dans une saison où le ciel ne contient point de vapeurs sulfureuses, l'éclair partit plusieurs fois de la nue, et vint frapper notre vue; la foudre du Dieu punisseur tomba dans l'enceinte de Lutèce. Maintenant, du côté de l'étoile polaire nous apercevons un globe de feu, une lumière céleste : *mirabile visu.*

Ces événemens extraordinaires me rappellent qu'après la mort de César, de ce *grand correcteur romain*, on vit des taches dans la lune, des larmes de sang remplacèrent la voie lactée dans le firmament, des comètes se montrèrent sur l'horizon; le soleil déroba souvent sa lumière à Rome qui vit quelquefois la nuit en plein midi; les Romains étaient-ils assez corrigés?

Pourquoi, depuis un an et demi, avons nous vu tant de choses extraordinaires? Comment interpréter ces sinistres présages, qui frappent l'imagination du peuple? Pourquoi voyons nous en hiver, le tonnerre, les éclairs, des globes de feu, des lumières célestes? *Non nostrum internos tantas componere lites.*

Demanderons-nous au Tout-Puissant pourquoi il nous renvoya son *grand correcteur* pendant trois mois? Lui demanderons-nous, si nous avons fait des fautes, pourquoi il a refusé nos hommages, notre encens, nos prières? Faibles mortels, serons-nous assez téméraires pour interroger l'Éternel, et douter de sa sagesse divine? Nos organes ne sont point assez étendus pour scruter sa pensée; bornons-nous à admirer, à imiter son ouvrage, à exécuter ses ordres, et nous pourrons espérer que l'Éternel ne nous enverra plus son *grand correcteur* et des grues politiques; que la foudre cessera de tonner en hiver sur Lutèce, et qu'une fois suffisamment éclairés, les lumières célestes s'éclipseront pour nous. C'est alors que nous nous convaincrons que si le mal se fait par la permission de Dieu, le bien, une fois enraciné sur la terre par sa volonté, croîtra et se perpétuera. Croyons que les greffes de l'arbre de la science et du bien, qui n'existent que dans le jardin de l'Éden, une fois écussonnées sur la tige de l'arbre du mal, changeront notre terre en terre promise, en produisant des fruits perpétuels, l'honneur et la vertu, le bonheur et la félicité du genre humain. Dieu le veut, le moment de la nouvelle création est arrivé : *fiat lux.*

N'opérons point sans base, sans principes, puisque le grand œuvre du Créateur est devant nous. Ne soyons point législateurs novateurs, mais législateurs imitateurs, traducteurs, dans notre langue, du code donné au monde par le législateur de l'univers.

COUP-D'OEIL SUR NOTRE GOUVERNEMENT.

Donnez-moi un point d'appui, disait Archimède, je remuerai le monde.

Moi, je dirai que le corps ministériel, sous un gouvernement dit représentatif, prenne toutes les positions que je lui indiquerai, et je remuerai la démocratie, ou renverserai avec facilité la monarchie.

Sous un gouvernement tel que le nôtre, c'est de la situation du point d'appui ministériel que dépend l'action de la force motrice et de la force de résistance que nous découvre la statique politique. Si la puissance législative est placée de manière qu'elle double ou triple ses forces par la position du point d'appui elle renversera la monarchie.

Il serait facile de démontrer que notre gouvernement est un colosse qui doit se renverser par sa base; il n'offre point l'application des lois de la statique politique, il n'existe pas d'équilibre. Ce défaut dérive de la mauvaise institution de notre chambre des pairs, qui ne devrait point faire partie du corps législatif (organisation absurde), et de l'établissement du corps ministériel.

Il en résulte que notre gouvernement est démocrati-monarchique, et non pas monarchi-démocratique.

Le ministère est un corps démocratique par sa nature et son essence qu'il tire de la forme du gouvernement. S'il n'était que simple dépositaire de l'autorité royale, il serait éminemment monarchique : le corps ministériel et la royauté ne formeraient qu'une unité, *pouvoir exécutif;* les deux chambres formeraient une unité démocratique, *pouvoir législatif.* Il y aurait balance de pouvoirs, mais non pas équilibre dans la balance des pouvoirs, distinction très-importante.

Le corps ministériel, sous un gouvernement dit représentatif, est non seulement dépositaire de la puissance royale, mais encore *propriétaire* d'une partie de cette puissance. La monarchie perd donc une partie de sa force, et le monarque une partie de son autorité qu'il partage avec le corps ministériel. Ce corps a le droit de conserver et d'user de cette part de puissance, comme une compensation et un dédommagement du fardeau de la *responsabilité* dont il est chargé. Or, le ministère devant son existence à la démocratie qui, avec la monarchie, contribue à la formation du système représentatif, il reporte par conséquent vers la démocratie une portion de la puissance monarchique ou pouvoir exécutif dont il est revêtu comme propriétaire. Si la force démocratique ou législative est comme 5, la force exécutrice ou monarchique sera comme 5, pour qu'il existe une balance; mais si le ministère retient une part, comme 2 ou 3 de la force monarchique, il est évident que dans notre gouvernement la force démocratique unie à la force ministérielle, *est à* la force monarchique comme 7 ou 8 *est à* 2 ou 3; par conséquent, plus d'équilibre dans la balance des pouvoirs, et la monarchie est menacée d'être éliminée, et de tomber en tutelle.

Éliminons pour un moment la royauté, et faisons abstraction du monarque : nous aurons un gouvernement démocratique complètement consolidé, sans secousses, sans commotion politique. Dans la chambre des députés, nous aurons un corps de plébeïens ou de tribuns du peuple ; dans la chambre des pairs, un sénat romain, athénien ou carthaginois ; et dans le corps ministériel, un archontat, un consulat, des suffètes, un directoire exécutif ou un septemvirat ; car, jouissant d'une partie de la puissance exécutrice, il hérite de l'autre partie.

Un corps ministériel, dans un gouvernement tel que le nôtre, peut dire au monarque : *nous n'exécuterons point votre ordonnance, nous ne présenterons point votre projet de loi, si vous n'y introduisez des modifications au gré de nos desirs, puisque nous sommes responsables.*

Si le roi change ses ministres, leurs successeurs tiennent le même langage, puisque les ministres, considérés individuellement, n'ont qu'un pouvoir subsidiaire révocable par la volonté du monarque ; mais le corps ministériel, représenté par la réunion de nouveaux êtres physiques, existe toujours : c'est un corps impérissable, ainsi que les attributions et les prérogatives qui composent son appanage, aux dépens du domaine monarchique.

Dans un gouvernement bien consolidé, des ministres n'ont qu'une responsabilité morale individuellement, ainsi que tous les autres administrateurs, et ne doivent rendre compte de leur conduite et de leur administration qu'au souverain, en justifiant qu'ils n'ont point dépassé les limites du mandat que leur délègue l'administrateur suprême de l'État. Dans un gouvernement monarchi-démocratique, le corps démocratique a le droit d'exercer sa surveillance sur les opérations ministérielles; et ses plaintes, relatives aux abus de l'administration, ne doivent être adressées qu'au souverain, avec prière d'y faire droit, puisque les ministres ne reçoivent aucune délégation de la démocratie, et qu'ils sont les simples fondés de pouvoirs du monarque, au nom duquel ils agissent. En traitant de l'administration, je dirai un mot de la responsabilité.

Il est évident que notre gouvernement est dans le même état que celui de 1790, époque où la démocratie renversa la monarchie; et ce préjugé, *que la majorité des chambres doit marcher avec le ministère*, rend la démocratie trop formidable, lorsqu'il n'existe pas un équilibre dans la balance des pouvoirs : ce qui ne se fait pas par le ministère actuel, peut se faire par le même corps, composé de nouveaux élémens ; une bonne législation politique doit embrasser le présent et l'avenir.

DE L'ADMINISTRATION. — SA FORME. — SA NATURE.

Le but de toute administration est le bonheur des peuples, la jouissance de leurs droits, la garantie de toute oppression, et l'inviolabilité des lois fondamentales sanctionnées par l'opinion publique, qui composent la partie constitutive d'une constitution, c'est-à-dire la constitution elle-même qui doit rester invariable lorsqu'elle consacre les droits, la liberté et l'intérêt des citoyens. Une constitution, ou le contrat constitutionnel doit régler la nature, la forme de l'administration; ces règles composent la partie administrative du contrat. Or, la partie administrative est le complément, l'interprétation extensive de la partie constitutive; distinction qui n'est point observée par les gouvernemens.

Une administration incertaine dans sa marche, ne présente aucune sécurité; et ses variations sèment sans cesse des germes de séditions et de divisions. Il est prouvé par l'expérience, que des ministres font quelquefois le mal en croyant faire le bien, parce que leurs mesures manquent de base. Sans connus, le hasard seul conduit à l'inconnu.

C'est pour cette raison que tous les citoyens bien intentionnés atteignent un but utile en publiant leurs idées *avec franchise.* Toute administration qui craint l'examen inspire la défiance.

Si l'administration générale d'un grand État n'est pas toujours à l'abri de la censure, la pureté de ses intentions la met au-dessus des reproches. Ces inconvéniens inhérens aux grandes administrations, démontre la nécessité des écrits politiques. Si d'un côté les écrivains haineux, violens et mal intentionnés, qui injurient les ministres, méritent le mépris; d'un autre côté, ils sont évidemment dignes d'estime, ceux qui publient avec zèle et impartialité, les moyens de tarir la source des maux qui affligent leur nation, pour faire couler la source du bien, et consolider leur gouvernement. Ces écrits méritent quelque attention, lorsqu'ils présentent des vues pour améliorer l'agriculture, activer le commerce et l'industrie, sources uniques de prospérité nationale, pour établir dans les finances un meilleur ordre, moins onéreux, moins vexatoire pour les peuples. On doit enfin des égards aux critiques judicieux et sensés, qui indiquent *le remède du mal qu'ils condamnent*, et dont la plume n'est point dirigée par les passions, l'esprit de parti et l'animosité.

Le plan d'administration que j'ai introduit dans mon *Essai philosophique*, est un plan de politique transcendante. Il est évident que j'ai voulu conserver un parfait équilibre, et rendre à la monarchie sa force et sa majesté. Mon parlement national est un corps essentiellement démocratique, dépositaire des pouvoirs du corps politique, qui ne peut s'occuper de la législature. La haute cour d'État est un corps essentiellement monarchique, qui renferme seul toute l'administration générale, c'est-à-dire, l'administration centrale. Il n'a aucun pouvoir; tous les membres sont révocables à volonté, par le monarque, qui peut leur retirer à son gré, la partie du pouvoir qu'il leur délègue. Les constituans ne pouvant embrasser toute l'administration, le roi la subdivise, et s'en fait rendre compte. La haute cour d'État n'est rien sans le roi; elle n'existe que par lui. Dans l'état actuel de notre gouvernement, la royauté, comme je l'ai remarqué, perd réellement de sa force, de sa majesté, de sa puissance.

Le conseil des ministres est au contraire quelque chose sans le roi. C'est pour cette raison que j'ai dit que notre gouvernement est une démocratie monarchique, et non pas une monarchie démocratique.

La haute-cour d'État n'a d'autres droits, d'autres pouvoirs, que ceux que le roi lui accorde; droits et pouvoirs qu'il donne aux dépens des siens, et qu'il peut augmenter ou diminuer à sa volonté. Les membres n'ont point la faculté délibérante, puisqu'ils ne délibèrent que par ordre du roi, sur ce qu'il veut bien leur soumettre. Les conseillers de la haute cour sont donc les conseillers et les secrétaires du roi, pour les opérations secondaires, comme les ministres du roi sont ses conseillers supérieurs et ses *secrétaires d'État* pour la direction de la grande administration. Il est évident qu'un roi qui pourrait subvenir seul aux besoins de son gouvernement, n'aurait besoin ni de ministres ni de conseillers, et qu'il correspondrait avec l'administration intérieure. C'est donc parce qu'il ne peut y suffire, qu'il délègue ses pouvoirs à des individus qui ne doivent compte qu'à lui de leur gestion, puisque des fondés de pouvoirs ne sont responsables qu'envers leurs commettans.

Les ministres, dépositaires d'une partie plus ou moins étendue du pouvoir royal, n'ont d'ordres à recevoir que du roi; c'est envers lui seul qu'ils sont comptables; des députés ne peuvent rien exiger d'eux. Les ministres doivent être indépendans de la démocratie, leur essence primitive étant monarchique.

Le conseil des ministres, d'après la forme de notre administration générale actuelle, est donc un corps de *secrétaires* du roi pour les affaires de l'État, responsable envers la nation, parce qu'il a une existence démocratique, et que le souverain n'a aucune responsabilité. Cette responsabilité ayant lieu par l'effet de la coopération de la démocratie, à l'administration dans la section législative, il faut qu'elle réside quelque part.

Au premier aperçu, on ne remarque point les liaisons des parties de mon plan; mais en le méditant, on se convaincra que tout y est raisonné, et qu'il est fondé sur les grands principes de la politique, que j'ai esquissés dans ce nouvel ouvrage.

L'administration générale de l'État réside toute entière dans la royauté, et la royauté se trouve dans cette haute-cour. L'administration intérieure est toute entière dans les chambres d'état. L'administration générale appartient à la monarchie ; elle est immatérielle dans le corps politique. L'administration intérieure et locale doit être toute matérielle, démocratique et de la nature du corps politique. Ces deux administrations sont en contact ; mais, comme les organes matériels du corps politique ne reçoivent l'action et le mouvement que du *sensorium*, qui seul les fait agir, l'administration intérieure est donc dépendante des facultés intellectuelles, c'est-à-dire de l'administration générale sous les ordres de laquelle elle agit. C'est pour cette raison que ma haute-cour n'est qu'un corps monarchique, qui n'a de pouvoir que celui que lui délègue le chef de l'État ; elle est à ses ordres et son intermédiaire ; elle ne dépend que de lui ; elle est chargée de communiquer l'action que le chef de l'État, le *sensorium*, lui ordonne d'imprimer. Elle rapporte les sensations du corps politique qu'elle a reçue des organes matériels, c'est-à-dire de l'administration intérieure ; le chef de l'État en reçoit l'impression, il juge et ordonne.

Un rédacteur de feuille publique, qui sans doute connaît mieux les logogriphes et les charades que la politique, s'est permis de rendre suspectes mes intentions, en disant que je fais du Roi *un président de cour d'état.*

Je m'en rapporte au jugement des hommes instruits et judicieux: je suis persuadé qu'ils se convaincront que je fais un véritable monarque du Roi, qui est plutôt actuellement un *premier président* d'un conseil de ministres, *propriétaires* d'une portion du pouvoir exécutif.

Mon plan enlève au roi et aux ministres la responsabilité, parce que l'administration intérieure est régie par des corps matériels de la nature de la chambre des députés (ou parlement national), corps matériel démocratique, puisqu'il représente le corps matériel politique. Qu'il me soit donc permis de dire, abstraction faite de toute vanité, que ce plan offre une combinaison de tous les ressorts de la haute politique. Ainsi, cette haute-cour représente la monarchie qui anime le roi; mais c'est l'autorité royale qui la couvre. Si cette cour était éliminée, la monarchie existerait encore; mais elle ne peut disparaître : il faut au monarque des dépositaires de sa puissance, puisque, ainsi que je l'ai observé, il ne peut embrasser toutes les affaires de l'administration générale qui est son apanage. Il ne cesse d'être propriétaire; c'est un dépôt qu'il confie, et peut retirer à volonté.

Si le corps législatif était éliminé, la nation, par son essence, ne pourrait se représenter elle-même; la représentation doit être permanente.

Comme la monarchie est annuellement représentée par la haute-cour, dépositaire de la puissance royale; ma chambre des pairs représente annuellement le corps démocratique. Lors de l'arrivée des parlemens, la monarchie reste représentée par la haute-cour ou par le roi lui-même. Le corps démocratique est représenté par le parlement national; donc le pouvoir législatif est en présence du pouvoir exécutif. Le parlement sénatorial est monarchique, parce que ses membres sont nommés par le roi; démocratique, parce qu'ils sont inamovibles, et reçoivent le traitement du corps démocratique. Il y maintient l'équilibre entre les deux pouvoirs, en consacrant les droits de la nation, en faisant respecter la monarchie.

Pendant les intersessions, le parlement sénatorial délègue ses pouvoirs à la chambre des pairs, qui se trouve en présence de la haute-cour, défenderesse des droits du trône, monarchie-démocratie ; mais si, dans un cas extraordinaire, l'un des deux pouvoirs menaçait l'autre, l'équilibre serait rétabli par la réunion des parlemens temporaires, monarchie-démocratie; donc les lois de la statique politique régissent mon administration générale, et conservent au gouvernement sa stabilité, comme le représente ce tableau suivant. On ne trouve aucun point d'appui dont un des deux pouvoirs puisse se servir pour renverser l'autre, puisque ces forces sont égales, et qu'en principe les efforts de deux forces égales se détruisent.

GOUVERNEMENT.

Pouvoir exécutif.	Pouvoir législatif.
Le Roi.	La Nation.
Sa Haute-Cour d'État.	Parlement national.
Administration générale.	Législation générale.
Corps monarchique.	Corps démocratique.

PARLEMENT SÉNATORIAL.

Monarchie.	Démocratie.
Rejet.	Approbation.
Approbation.	Rejet.

Équilibre.

INTER-SESSIONS.

Présence	Discordance
Des Parlemens temporaires.	Entre les deux pouvoirs.

DERNIER RESSORT.

Monarchie.	Démocratie

Équilibre.

MAJORITÉ ET MINORITÉ DE LA CHAMBRE DES DÉPUTÉS.

La saine politique ne reconnaît, sous un gouvernement démocrati-monarchique ou monarchi-démocratique, dans une assemblée délibérante, qu'une *majorité* et une *minorité* d'opinions ; de voix ou de scrutin, et non pas une *majorité* et une *minorité* de parti. Celui qui se prononce *contre* l'adoption d'une loi, fait partie de la minorité d'opinions, s'il y a majorité *pour*, et *vice versâ;* ce n'est qu'au moment du dépouillement du scrutin, ou de la mise aux voix, qu'un délibérant doit apprendre s'il est *majeur* ou *mineur*.

Tel qui sera *majeur* aujourd'hui sera *mineur* demain, parce qu'il doit opiner pour ou contre, selon l'impulsion que sa conscience, l'étendue et la rectitude de ses idées, peuvent communiquer à son esprit et à son jugement; mais lorsque l'influence des intérêts particuliers, des passions et de la prévention, agit trop activement, alors le délibérant se concentre dans une opinion permanente.

Il est facile de remarquer, dans notre

chambre de députés, cette permanence et cette fixité d'opinion qui distinguent les deux partis connus sous la dénomination de *majorité* et de *minorité*; il en résulte condescendance prononcée d'une part, et opposition soutenue de l'autre, défiance et prévention des deux côtés; de là, des lois imparfaites.

Je vois actuellement trois chambres dans notre gouvernement; savoir, *la chambre des pairs de France; la chambre des députés majeurs de la nation, et la chambre des députés mineurs des départemens*, qui approuvent, rejettent ou sanctionnent les lois. Je ne vois que deux chambres dans la partie administrative de la charte.

L'établissement de deux chambres dans la chambre des députés, est un effet; il faut donc trouver la cause qui a produit cet effet. Je n'ai ni le droit, ni le pouvoir, ni la facilité de scruter la conscience de chaque membre de ces deux chambres; mais je puis parler de l'esprit général de chacune d'elles.

L'esprit général de la minorité me paraît être dirigé par une antipathie contre le système de fusion, contre le système républicain et révolutionnaire, et par le desir bien réel de maintenir l'intégrité de la monarchie.

L'esprit de la majorité est en faveur du système de fusion ; il proscrit le système républicain et révolutionnaire, et se prononce contre la monarchie absolue, en proclamant l'intégrité des droits de la nation.

Je ne partage point l'opinion de la minorité, relativement au système de fusion dont je suis partisan *désintéressé*. Si la minorité était assez raisonnable pour renoncer à la proscription de ce système de fusion, je pense qu'il me serait facile de réunir les deux chambres en une seule; je dirais à la majorité : *vous avez raison;* à la minorité : *vous n'avez pas tort.*

Majorité, *vous avez raison :* la proscription ou l'inexécution du système de fusion, eût entraîné des inconvéniens beaucoup plus graves que ceux qui résulteraient de son adoption. La fusion des partis fut adoptée par Auguste, quand il parvint à l'empire, et par les successeurs de la famille des Stuarts. Qu'il me soit même permis de citer la conduite d'un homme souverain, dont la politique fut empreinte du cachet du machiavélisme, calquée sur celle des anciens temps, et qui réunit néanmoins à sa cour les antiques colonnes de la monarchie, et rappela, dans les administrations civiles et militaires, des hommes et des émigrés même qu'il aurait pu craindre d'employer.

Vous proscrivez le système républicain et révolutionnaire; il est incompatible avec le bonheur d'un grand peuple; il nous conduirait sous le joug de l'anarchie et du despotisme populaire.

Vous vous prononcez contre la monarchie absolue : elle ne peut nous régir dans l'état actuel de notre civilisation; elle est contraire à l'ordre naturel des institutions politiques. Les droits d'une nation sont inaltérables, imprescriptibles et impermutables.

Minorité, *vous n'avez pas tort;* le système républicain ne peut convenir ni à vous, ni à nous. Vous voulez l'intégrité de la monarchie, et je ne vois pas la légitimité des droits des Bourbons, la perpétuité de leur dynastie dans la nature, la forme et la contexture de notre gouvernement actuel, qui est démocrati-monarchique. Or, démocratie-monarchie, moins *monarchie*, reste démocratie; mais il nous faut une monarchie démocratique; monarchie-démocratie, moins démocratie, reste encore monarchie-démocratie; car, sous un pareil gouvernement, les efforts de la monarchie sont nuls; la démocratie ne peut être éliminée, parce qu'il existe une force mixte et centrique qui maintient l'équilibre dans la balance des pouvoirs.

Il est probable que la majorité veut bien une monarchie démocratique, la nation ne demande rien de plus.

Si la minorité voyait l'intégrité de la monarchie assurée, je suis persuadé qu'elle ne se permettrait pas de porter plus loin ses vues. Ainsi *majorité*, *minorité*, réunissez-vous pour négocier cette importante affaire, dans l'intérêt du roi et de sa famille, et dans l'intérêt du peuple. Plus de discorde, embrassez-vous; soyez monarchi-démocratiques.

Que le sanctuaire des lois nous représente le temple de la paix; que votre tribune soit l'autel de la concorde devant lequel vous viendrez faire entendre votre voix, qui portera vos hommages et le tribut de votre respect au père de la grande famille, et vos humbles suppliques au monarque, en lui faisant entendre, *pour la première fois*, les plaintes et les gémissemens de vos malheureux frères.

Alors vous cesserez d'être *approbateurs majeurs* et *improbateurs mineurs* des opérations du ministère. Vous formerez le grand conseil du père de famille; vous serez les conseillers nés des ministres dans vos comités secrets ; vous éclairerez le monarque et les dépositaires de son pouvoir, sur les moyens qu'il convient d'employer pour cultiver avec avantage le vaste domaine du bonheur public, qui, devenu plus productif par vos soins, nourrira tous vos concitoyens. Pour réunir les partis, éteindre les séditions, contenter les mécontens, consolider le gouvernement, lui faire des amis de ses ennemis, sauver la France et la rendre heureuse, que faut-il faire ? Il suffit de le vouloir.

RÉFUTATION DE QUELQUES ERREURS POLITIQUES.

Le domaine de la politique est devenu, de nos jours, un champ immense de controverse. Le champ de la controverse est un vaste arène dans lequel les athlètes se regardent, se menacent, s'attaquent, s'éludent, combattent de loin, sans en venir aux mains. Les écrits de controverse n'ont point survécu à leurs auteurs dédaignés ; après eux souvent ils sont devenus la pâture des insectes rongeurs. La plupart de nos ouvrages politiques modernes sont des édifices élevés par l'intérêt, la passion, les préjugés, sur des bases fondées par les écarts de l'imagination.

Le graphomètre de la politique indique la place que doivent occuper les jalons sur la route que les gouvernemens ont à parcourir; il mesure les distances et les hauteurs que le télescope rapproche; l'algèbre les calcule; la logique les résume, et en déduit les conséquences; les mathématiques politiques écartent, éliminent les préjugés et les erreurs; les lois de l'ordre naturel deviennent ses appuis; la physique et la géologie indiquent des règles; la politique rassemble les matériaux pour établir ses principes, et former son code de lois.

On a prétendu qu'un souverain, avec une bonne constitution, se rendait maître des révolutions; faux principe, qui, inspirant trop de sécurité, pourrait conduire à de graves et dangereuses conséquence. S'il y a dérogation à l'esprit des lois fondamentale, dans la création des lois administratives et civiles, dérogation à l'esprit des lois administratives et civiles dans l'exécution, quelle que soit la sagesse qui ait précédé la rédaction des lois fondamentales, fussent-elles données par l'Eternel, à un monarque, sur un nouveau mont Sinaï, ou sur la montagne des oliviers, le monarque, en maintenant l'intégrité de ces lois, en les respectant, ne pourrait arrêter ni prévenir la chute du torrent, quand le torrent serait prêt à se précipiter. L'étendue de l'administration dans un grand état, met en défaut son amour pour ses peuples; il ne peut tout voir, et par conséquent, tout savoir, puisque les dépositaires de sa puissance sont dans le même cas, quoique chargés d'une surveillance moins étendue.

La reine Elisabeth déclara un jour au parlement d'Angleterre qu'elle était surprise que l'on eût abusé de son autorité pour commettre à son insu des excès criminels. Vespasien qui gouverna l'empire romain avec sagesse, commit, sans le savoir, beaucoup d'injustices; et le bon Henri fut sans cesse occupé à réprimer les abus que l'on faisait de son autorité.

Des orateurs de nos chambres se sont bornés à réfuter des objections solides lors de la discussion de plusieurs projets de loi, en observant que les lumières et la pureté des intentions du monarque obvieraient à tout inconvénient, et qu'elles présentaient suffisante garantie; oui, sans doute : mais s'exprimer ainsi, c'est rabaisser, je pense, la dignité de législateur, compromettre la sécurité publique, provoquer des révisions dans un temps plus reculé, faire naître la nécessité de créer par la suite de nouvelles lois interprétatives, correctives, qui commentent l'esprit des premières lois; si ces secondes lois renferment la même imprévoyance, il faut encore créer d'autres lois pour commenter les dernières. La multiplicité des lois n'est pas le signe caractéristique auquel on reconnaît les bons gouvernemens; elle embrouille la jurisprudence, conduit à des fausses applications de la part des magistrats, et provoque des vexations qui engendrent des mécontentemens. Les citoyens qui ne reconnaissent plus l'esprit des lois fondamentales, dans l'exécution des lois administratives, se plaignent de cette violation. Malgré le respect du monarque pour les lois de l'état, on lui impute des fautes commises par son gouvernement, et dont il est innocent. Faire des lois pour le monarque, c'est, ce me semble, imiter ces auteurs modernes de comédies, de vaudevilles, qui créent des rôles pour des acteurs qui font valoir leurs pièces aux yeux du public, lesquelles ne sont plus représentées après la retraite ou la disparition des acteurs.

De bonnes lois doivent régir la génération présente et les générations futures. L'hérédité peut amener sur le trône un jeune prince qui ait sucé, dans son enfance, le poison de l'adulation insinué dans son esprit par la passion ou l'intérêt de son gouverneur et de son précepteur; il faut donc un frein puissant que l'on ne trouve que dans la prévoyance. Si l'ordre de succession amène une minorité, peut-on raisonnablement s'en rapporter à la pureté des intentions, et aux lumières de la régence, pour suppléer au silence de la loi.

~~~~~~~~

Quelques écrivains viennent de présenter de sages réflexions sur l'extension que peuvent acquérir les assemblées délibérantes sous une monarchie démocratique qu'ils nomment, et que nous nommons gouvernement représentatif. Mais, à peine ont-ils fait quelques pas sur le grand chemin, qu'ils s'en sont écartés pour s'égarer dans la plaine. Ils en ont conclu qu'il ne fallait point de chambre des députés, mais une monarchie absolue, étayée des lois fondamentales, le remède serait pis que le mal. Sous nos anciennes mo-
~~~~~~~~

narchies, lorsque les assemblées des champs de mai, les assemblées des états, les états généraux cessèrent de se réunir, les parlemens qui prirent naissance dans ces réunions de citoyens, héritèrent de quelques uns de leurs droits, et tempérèrent l'autorité monarchique jusqu'au règne de Louis XIV, époque où il ne leur resta que le droit d'enregistrement. Le contre-poids balança si faiblement le pouvoir royal, que les membres qui s'opposèrent à l'enregistrement des lois furent souvent exilés, et des séditions fomentèrent parmi le peuple, et furent souvent provoquées par cet abus d'autorité.

Le réfutateur de la doctrine de Montesquieu sur la balance des pouvoirs, a commis la même erreur, et s'est égaré comme les autres.

Mais si ces écrivains eussent continué leur route en dirigeant le rayon visuel sur l'alignement des jalons de la politique; ils fussent arrivés à des conséquences plus lumineuses; au lieu de conclure en faveur de la monarchie absolue, ils se fussent aperçus, comme moi, qu'il suffisait, non pas de proscrire la balance des pouvoirs pour la réunir dans une seule main, mais d'établir l'équilibre dans cette balance, d'après les lois de la statique politique, c'est-à-dire, former un contrepoids toujours disposé à se porter du côté le plus faible; quand il existe un équilibre, les efforts de deux forces se détruisent. Dans un ouvrage publié dernièrement, j'ai démontré successivement un inconvénient qui résultait de ce défaut de contrepoids sous la monarchie absolue, et sous le gouvernement représentatif; d'ailleurs, la représentation nationale ne peut être éliminée, puisque non seulement elle dérive du droit naturel, mais encore elle remonte à l'origine de notre monarchie. Nos ancêtres en furent privés pendant deux siècles; nous l'avons retrouvée, conservons-la. En respectant les droits de la nation, son maintien est dans l'intérêt même du souverain dans l'état actuel de la civilisation.

~~~~~~~~

On parle d'*ultrà*-royalistes, et bien des gens ne s'entendent point à leur égard. Quelques députés, n'attachant point à ce mot l'idée qu'il représente, ont fait erreur en se l'appliquant dernièrement à la tribune comme un titre honorable.

Le royaliste est l'ami du roi; l'ami du roi
~~~~~~~~

est à la fois l'ami de la monarchie héréditaire, reconnue par nos constitutions, et celui du gouvernement légitime. L'*extrà*-royaliste est celui qui s'écarte du royalisme ; il est par conséquent loin du roi, hors la monarchie et du gouvernement.

Quel est l'*ultrà*-royaliste? C'est un homme qui, n'étant pas réellement royaliste, *ultrà*-passe les bornes du royalisme. Quelles sont les bornes qui fixent les limites du royalisme, qu'aucun sujet du roi ne doit *ultrà*-passer? Ce sont les lois, les bases fondamentales sur lesquelles repose la monarchie positive, et les institutions politiques d'un gouvernement.

Tout royaliste qui *ultrà*-passe les limites posées par les constitutions des États royaux, cesse d'être royaliste; il est hors des limites, hors de la monarchie, hors du gouvernement; il redevient *extrà*-royaliste, il est hors la loi qui reconnaît la monarchie; de là, application de cet axiome: *les deux extrêmes se touchent.* Or, en concluant conséquemment, les *ultrà*-royalistes et leurs extrêmes, les *extrà*-royalistes n'ont point les qualités requises pour être royalistes; ils sont donc ennemis du roi, ennemis de la monarchie héréditaire, reconnue par nos constitutions, et ennemis du gouvernement légitime. Je vais étendre ces idées.

Les députés composant la minorité, protestant de leur respect pour les constitutions, et de leur amour pour leur roi, de leur dévouement à la monarchie, ne sont donc point *ultrà*-royalistes. Que sont-ils? De simples royalistes, un peu exaspérés par un zèle exagéré qui dérive de leur haine contre le système de fusion adopté par le gouvernement et le ministère.

Lorsque la majorité prit naissance dans l'ancienne chambre, le ministère était composé de dignitaires, dont le plus grand nombre avait occupé des fonctions administratives, pendant l'intermittence du gouvernement bourbonien, c'est-à-dire sous le régime républicain ou sous le gouvernement napoléonien. L'ancienne majorité crut devoir en conclure que la monarchie légitime ne pouvait trouver un appui dans ces dépositaires du pouvoir royal.

Mais les lois fondamentales sanctionnent l'égalité de droit; cette sanction jette un voile sur le passé, puisque le droit de tout citoyen le rend apte aux fonctions administratives, militaires et religieuses. Mais l'opinion de la minorité actuelle est erronée sur le système de fusion, puisque l'expérience a démontré que le roi a trouvé des preuves de fidélité et de dévouement dans des dignitaires qui ont occupé des fonctions législatives et administratives sous Bonaparte ; et deux de nos ministres actuels ont accompagné à Gand le monarque, qui n'a qu'à se louer de la conduite de l'un d'eux, qui devait lui paraître bien plus suspect que beaucoup d'autres, puisque ce ministre fut pendant un grand nombre d'années, ministre sous le précédent gouvernement.

J'en pourrais dire autant d'un grand nombre d'administrateurs d'un ordre inférieur, qui ne purent opposer qu'une vaine résistance aux progrès de la révolution du 20 mars, commencée par certaines causes que je dois taire, alimentée par quelques fautes du gouvernement. Cette révolution fut accélérée par la frénésie des véritables *ultrà*-royalistes, soutenue par les *extrà*, et consommée par les forces militaires qui retrouvèrent la prépondérance et le degré de considération qu'elles avaient perdues, par ces forces nationales qui sont les soutiens des gouvernemens, et sans lesquelles les souverains seraient sans puissance.

Les membres de la minorité ne sont donc point des *ultrà*-royalistes.

Je considère comme *ultrà*-royalistes, ces hommes qui, répandus sur la surface de la France, ne songeant qu'à leur intérêt particulier, voudraient voir disparaître nos lois fondamentales, et nous ramener vers le siècle de Louis XIII.

L'*ultrà*-royalisme, selon moi, est, dans l'état actuel de nos connaissances, un *fanatisme* politique, qui porte ses prosélytes à des écarts d'imagination, qui compromettent la sûreté du trône, en inspirant des doutes sur les intentions du gouvernement. Que peuvent prétendre ces illuminés? A la réaction. Examinons si cette réaction est possible.

Je suppose que nous changions le gouvernement actuel (c'est-à-dire, tel qu'il devrait être), que gagnerait la royauté? L'autorité souveraine, cessant d'être modérée, serait plus arbitraire. Le roi serait-il plus puissant? Oui; car, indépendamment du pouvoir actuel, il aurait le pouvoir de faire le mal. Soyons de bonne foi: Louis XVI, Louis XV, Louis XIV, Louis XIII, ont-ils fait le mal? Ont-ils abusé de *cette puissance discrétionnaire*, compagne de la monarchie absolue? Non. Cependant, sous le règne de ces rois, le peuple a été tyrannisé, la liberté individuelle méconnue, les déprédations, les injustices, ont été distribuées avec usure. Si tant d'actes arbitraires n'ont point été commis par nos rois, si les sujets ont gémi dans l'oppression, l'arme de l'arbitraire n'a donc été employé que par les dépositaires du pouvoir royal et par les hommes en crédit. Donc le pouvoir arbitraire, réuni au pouvoir légitime dans une monarchie absolue, n'est réellement point exercé par le monarque : or, nos institutions nouvelles éliminent ce pouvoir arbitraire, et ne diminuent point le pouvoir légitime qui constitue la véritable puissance du monarque. Le roi de France n'a rien perdu (sous ce rapport) de la vraie puissance dont un bon prince ne doit user que pour faire le bonheur de ses sujets, et se concilier leur respect et leur amour.

Le monarque, en conservant le *pouvoir légitime* de faire le bien, a perdu le *pouvoir arbitraire* de faire le mal dont il n'usait pas personnellement, et qui n'était que *la feuille des bénéfices* tenue par ses agens et par un certain nombre d'individus.

Par nos nouvelles institutions (dans la monarchie démocratique), la majesté et la puissance royales sont restées intactes; elles n'ont point changées, mais le *peuple* a beaucoup gagné (ou devait beaucoup gagner). Je pense que l'on appréciera la justesse de ces réflexions.

Comment les fanatiques politiques pourraient-ils parvenir à leur but. Cette classe d'individus, dispersée sur tous les points, ne pourrait réussir qu'avec l'aide d'un gouvernement, ou en opérant une révolution : considérée sous le premier point de vue, leur espérance est vaine. L'opinion publique, celle de la majorité de la nation, a sanctionné nos lois fondamentales; toute violation manifeste faite à ces lois entraînerait des conséquences terribles qu'il est facile de deviner.

Comment pourraient-ils opérer une révolution? Ils ne composent qu'une minorité de quelques milliers d'individus. Les membres de la majorité de la nation se comptent par millions, puisque cette majorité est la nation elle-même.

Quels sont les moteurs des commotions politiques, les acteurs utiles qui figurent, comme troupes auxiliaires, sur la scène des révolutions, et sans lesquels les principaux acteurs ne peuvent rien représenter? Ce sont les hommes du bas-peuple, ces mêmes individus qui se prononcèrent avec fureur contre le maintien des anciennes institutions, ces mêmes hommes qui entourèrent au 20 mars le char triomphal de l'usurpateur, en faisant entendre des cris qui proscrivaient l'ancien ordre de choses, et qui, on ne peut en douter, bien loin de prêter leur appui aux fanatiques, tourneraient contre eux leurs armes meurtrières.

Observons aux fanatiques politiques, qu'au jour de la réaction (si elle pouvait avoir lieu), la commotion politique produirait en France une éruption volcanique, un tremblement de terre; le sol français s'ouvrirait, on apercevrait la tombe où le gouvernement serait précipité par le torrent des passions. Heureux les fanatiques politiques, si, dans ce jour de deuil, après la culbute, retombaient sur les pieds! Mille fois heureux, si, sur cette tombe, ils n'étaient pas immolés en holocauste par la fureur populaire! Plaignons-les, ils ont reçu de la nature la bosse du *spleen*; ils forment un parti qui n'est pas dangereux, et que l'on pourrait nommer le parti des *Grognards*.

On a reproché à la dernière chambre d'avoir pris l'initiative dans la proposition de la loi; ce reproche est-il fondé? La chambre actuelle parait être dans l'intention de se renfermer strictement dans les limites constitutionnels. Examinons avec attention cette importante question.

La proposition de la loi dans un gouvernement régulier ne peut être faite que par le chef de l'état; les amendemens ou modifications ne doivent avoir lieu que par son ordre. Mais l'examen d'une proposition de loi soumis à une assemblée délibérante, porte nécessairement avec lui le droit d'amendement, ou de modification, ou de rejet; une assemblée délibérante, par sa nature, doit délibérer sur quelque chose; si toutes les lois proposées nécessitaient un résultat forcé, il n'y aurait point de délibération, et par conséquent point de délibération, point d'assemblée; l'existence d'une assemblée, tire son origine du droit de délibérer; du droit de délibérer, résulte le droit d'adoption, de modification, ou de rejet; droit naturel, droit impérissable qui rend l'assemblée indépendante.

Une assemblée délibérante peut donc adopter, rejeter, modifier une proposition de loi; mais cette modification, ne recevant aucunes limites; peut s'étendre jusqu'au renouvellement entier des articles du projet de loi.

Une assemblée délibérante s'arrogerait à tort l'initiative, en proposant dans son sein une loi qu'elle soumettrait ensuite après l'adoption à la sanction du gouvernement.

Si l'on considère les membres d'une assemblée délibérante, comme des médecins et des mécaniciens politiques, ou comme des fondés de pouvoirs des intéressés dans le grand établissement politique, on se convaincra que comme médecins, ils sont consultés sur les moyens de guérison, et donnent leur avis en proscrivant les remèdes usités pour en proposer d'autres; comme mécaniciens, ils font des observations sur l'état des rouages du mécanisme politique, et manifestent leur opinion sur les changemens que leur suggèrent leurs connaissances pour activer le mécanisme en proposant de remplacer en total ou en partie tous les ressorts de ce mécanisme; comme fondés de pouvoirs, ils ont la faculté de proposer sans restriction dans l'intérêt de tous.

Comme médecins, mécaniciens ou fondés de pouvoirs, peuvent-ils donner des ordres? Non, sans doute; leurs avis, leurs consultations, leurs demandes doivent être adressées et soumises au *sensorium* moteur des actions du corps politique, au directeur de la mécanique politique, à l'intéressé de l'établissement politique chargé de l'administration.

Des députés n'ayant pas le droit de délibérer, mais de conférer entre eux sur une proposition dans leur sein, doivent en soumettre le résultat au chef de l'État, avec prière de faire proposer la loi, afin que l'exécution ait lieu dans l'intérêt de tous.

Je conclus que d'après l'ordre naturel, la proposition de la loi appartient au souverain; que les assemblées délibérantes ont la faculté d'adopter, de rejeter, de modifier ou de remplacer la proposition de loi par une autre loi dans l'intérêt de tous, puisque l'exécution ne communique une sensation au corps politique qu'après avoir procuré antérieurement une sensation dont le *sensorium* a éprouvé la perception, et le gouvernement porte la sanction; car s'il n'y avait pas perception, le *sensorium* ne communiquerait point de sensation, ne ferait pas exécuter, puisque la sensation n'aurait pas été perçue, c'est-à-dire sanctionnée par son jugement.

Quoique je ne me sois pas étendu sur cette matière autant que je l'aurais desiré, mes raisonnemens néanmoins donnent la solution claire et précise de la question de l'initiative.

CONSIDÉRATIONS GÉNÉRALES.

Le temps ne m'ayant pas permis de faire un ouvrage complet, j'ai dû me borner à présenter quelques idées, et à tracer l'esquisse de ma nouvelle théorie. J'ai considéré le mécanisme des corps politiques dans ses rapports avec l'ordre naturel et les institutions de l'auteur de la nature. J'ai jeté un coup d'œil rapide sur les révolutions, leurs causes, leurs effets; j'ai conclu qu'il était facile pour les gouvernemens de les prévoir par le moyen du calcul politique, basé sur le calcul mathématique, c'est-à-dire, en procédant du connu à l'inconnu.

Cette théorie mérite, ce me semble, de fixer l'attention des amis du bien public, et surtout celle des administrateurs de l'État. L'homme d'état doit embrasser toutes les branches de l'administration, et les mettre en parfait rapport, afin d'entretenir l'activité du mécanisme politique. Quels sont les devoirs de l'homme d'état? Pour les décrire, j'emprunterai la plume d'un éloquent et judicieux académicien (M. Thomas).

« Qui entreprendra de le peindre ? Toutes les qualités qui sont nécessaires pour le former viennent se présenter en foule, et se pressent sous mes pinceaux. Si je lui donne la sagesse et l'activité, l'étendue et la profondeur, l'esprit de détail et le génie du grand; si je dis *qu'il doit régir les états, comme Dieu régit le monde, par des principes invariables et simples;* bien organiser l'ensemble, pour que les détails roulent d'eux-mêmes; pour bien juger d'un seul ressort, regarder la machine entière, calculer l'influence de toutes les parties les unes sur les autres, et de chacune sur le tout; saisir la multitude des rapports entre des intérêts éloignés; voir d'où tout vient, où tout va; lier les intérêts particuliers à l'intérêt général, les réunir en les contenant l'un par l'autre, et comprimant chacun d'eux par les poids environnans; faire concourir les divisions mêmes à l'harmonie du tout; diriger au meilleur but les biens physiques par la puissance, et les biens moraux par l'opinion; multiplier les forces par les vertus; tirer le plus grand parti du caractère national; connaître, dans la révolution marquée pour les empires, à quel point du cercle est parvenu l'état que l'on gouverne; le fixer, s'il est heureux; le faire remonter en arrière, s'il est déchu. Si je dis qu'un ministre doit employer le moins de force possible pour chaque opération ; *éviter presqu'autant que le mal les demi-remèdes dans les grands maux;* marcher au but, sans trop voir les obstacles; considérer les choses, et *dans leur principe et dans leur effet;* distinguer celles qui ont besoin de tout le poids de l'autorité, et celles qui ne sont jamais mieux administrées que lorsqu'elles ne le sont point du tout; ne pas prendre l'état forcé d'un pays pour son état naturel; ne pas s'écarter des principes généraux pour quelques inconvéniens de détail; ne pas causer le malheur d'un état pour le bien d'une ville, *ni les maux d'un siècle pour l'intérêt d'un instant.* Si j'ajoute qu'un ministre doit reculer le plus qu'il est possible les limites du bien, et retrancher sans cesse de la somme inévitable des maux qu'entraînent dans l'administration l'embarras de chaque jour, le tourment des affaires, l'empire des usages, les nécessités du moment, la mollesse ou la corruption des sous-ordres, le choc et le contraste éternel du possible physique et de l'impossible moral; je n'aurai tracé qu'une image imparfaite des qualités et des devoirs de l'homme d'état. »

L'homme public doit donc embrasser une multiplicité innombrable de rapports et de combinaisons au milieu desquels il se méprendra, s'il n'a pas dans son esprit des principes certains et invariables qui soient pour lui le fil d'Ariane dans le labyrinthe politique. Alors, dans des temps critiques, il ne peut délivrer sa patrie, et la soustraire à la voracité du minotaure; les fautes d'un jour se réparent à peine en un siècle; les causes des grands orages politiques produisent des effets terribles qu'il est toujours facile de prévenir et d'éviter. Devons-nous innover, ou rester comme nous sommes? Si toutes les mesures employées jusqu'à ce jour étaient efficaces, nous pourrions nous dispenser d'innover; mais n'est-il pas démontré, par notre état actuel, que nous devons avoir recours à de nouveaux moyens de guérison?

Les innovations doivent être proscrites chez un peuple parfaitement heureux, dont les institutions, la morale et le gouvernement sont portés au plus haut degré de perfection possible.

Lorsqu'un malade a usé d'un grand nombre de remèdes qui n'ont point rétabli sa santé, le sentiment de sa conservation, inné dans l'homme, le porte à recourir à de nouveaux moyens. Un corps souffrant se retourne sur tous les sens, et prend toutes les positions pour en trouver une qui le mette à son aise. Tel est l'effet de l'ordre naturel.

Un corps social ne fait que des mouvemens provoqués par l'espérance d'un meilleur sort. Il ne peut compter sur une position favorable, s'il marche sans guide dans ses recherches; mais en suivant une route certaine et bien tracée, il avance avec l'assurance de trouver en arrivant au but, l'objet de ses desirs.

Si nous opérons sans guides, nous travaillerons en aveugles; mais avec une boussole, nous nous dirigerons sans crainte vers le mieux. Nous sommes dans la situation d'un malade, sur lequel tous les remèdes ne produisent aucun effet, *parce qu'ils ne sont point analogues au principe de sa maladie.*

L'idée d'innovation effraye les hommes accoutumés à raisonner superficiellement sous l'empire de l'habitude.

Dans la société, ne voyons-nous pas tous les jours des gens prendre le même chemin pour arriver à l'endroit où ils ont coutume d'aller, sans songer qu'il en existe un plus court et moins périlleux. Un homme passera cent fois près d'un précipice sans s'en apercevoir; si on lui en fait la remarque, il est effrayé du danger qu'il a couru, et prend une autre route.

Les gouvernemens restent dans une apathie continuelle près du danger. Les rois et les ministres ignorent qu'ils foulent une terre volcanique, pour eux toujours couverte de fleurs qui cachent le cratère du volcan, dont les laves et les feux, vomis à l'improviste, couvrent de cendres, le calice de ces fleurs. On veut remédier aux ravages; il est trop tard. L'aube du jour annonce le calme; le soleil du midi cède sa place à l'orage; les habitans d'une ville se lèvent au milieu de la sécurité; quelques heures après, tout y est en rumeur, comme ce jour où l'on vit éclore une terrible révolte sous Charles VI.

Si un bon citoyen fait quelques observations, il n'est point écouté; on le dédaigne quelquefois, on le regarde comme un fou, qui voit le mal où il n'existe pas. On peut dire, avec vérité, que les gouvernemens sont de grands ingrats, qui s'écartent de l'ordre naturel; car si je vois un individu dans la rue, que je lui fasse remarquer que son mouchoir sort de sa poche, il me fera une grande salutation. Si je rencontre sur un grand chemin, un voyageur chargé d'un sac d'argent, que je lui dise que dans le bois qu'il va traverser, j'ai aperçu des voleurs, il reviendra sur ses pas, et me remerciera plutôt dix fois qu'une. Tous ces effets dérivent encore de l'ordre naturel ; l'ingratitude et l'indifférence sont contre nature. Je ne sais quel auteur a dit : Un être indifférent et un ingrat, sont des erreurs de la nature.

Pour innover, pour changer notre position, ce ne sont pas les lumières qui nous manquent ; il suffit de détruire les préjugés, les passions, qui sont autant d'obstacles à tout le bien que l'on pourrait faire. Un des plus grands malheurs de l'humanité, c'est d'être entraîné par l'habitude qui abatardit les idées. Il est difficile de regarder comme un mal, ce qu'on voit depuis long-temps ; que de choses excellentes on ne fait pas, parce qu'on ne les a jamais faites. *On se décide difficilement à faire le bien, il n'y a que le mal que l'on fasse aisément.*

Des hommes à petites idées s'empresseront de me dire : « On a innové à l'époque de la révolution, voyez où nous en sommes ! » A tout ce que j'ai dit, j'ajouterai que si Louis XVI eût été mieux secondé, il y aurait eu changement, innovation, amélioration dans nos institutions; mais que des changemens sagement opérés ne sont pas des révolutions; il fallait innover graduellement, au lieu d'appliquer subitement, à cette époque, les grands remèdes aux grands maux. Aujourd'hui la saine politique ordonne d'appliquer ces grands remèdes à nos grands maux; ce sont ces nuances que les gouvernemens ne savent pas saisir. Des changemens seront le complément indispensable des anciennes innovations; ils amortiront infailliblement les secousses de notre révolution, que nous ressentons et *ressentirons encore longtemps*, si le gouvernement agit autrmeent.

On présenta à Louis XVI, avant la convocation des états généraux, un plan de finances qui fut adopté par ce bon roi et son ministre dans l'intérêt du peuple (ce fait est réel). Ce plan consistait en un impôt territorial, en subvention sur les loyers, droits modérés sur les fermages, et en annuités pour éteindre la dette, etc.; mais sur ces entrefaites, le ministre fut changé: *un ministre, dit M. Necker, en arrivant au ministère, veut prouver qu'il a des idées à lui.* En effet, le ministre et d'autres individus, guidés par l'intérêt personnel, si différent de l'intérêt général, firent des représentations au roi ; le plan fut rejeté ; quoique imparfait, si ce plan eut été exécuté, il est très probable qu'il y eût eu changement sans révolution. Hélas! de quoi dépendent le sort des rois et le salut des empires!........ De l'intrigue. Le bonheur des peuples ne compte pour rien dans les actions des gouvernemens.

Le gouvernement de 1789 a conduit la France à sa perte, en persistant à faire exécuter un système de finances dont les vicieux élémens composent sous d'autres dénominations notre système actuel que l'on s'*entête à conserver.*

C'est ce même système qui fit soulever le peuple sous Philippe-Lebel, fomenta des séditions sous Philippe de Valois et le roi Jean ; qui causa dans la capitale et dans les provinces des rebellions, des massacres, des noyades sous Charles VI ; qui répandit la misère dans les campagnes sous François II, Charles IX et Henri III; qui fit périr cinq à six milles hommes détenus pour cause de contributions sous la minorité de Louis-XIV, et jetta le désordre en France vers la fin du règne de ce roi. C'est ce même système qui fut un agent actif dans l'accélération de notre révolution, *qui renouvellera infailliblement pour nous, j'ose le prédire, les funestes suites des opérations de* 1789.

La commission du budget, dans son rapport, a adopté ce système, sauf quelques modifications très légères. Le ministre s'occupe de la négociation des rentes lorsqu'il devrait ignorer si la chambre adoptera cette mesure, donc le ministre compte sur l'adoption de ce système de finances....... En l'adoptant, la chambre ne justifierait point la confiance de la nation, elle s'écarterait de la teneur de son mandat. Je le prouve :

Les députés sont les fondés de pouvoirs des représentans de la nation. Ils ne peuvent faire parler la nation (ou ses représentans), autrement qu'elle parlerait ; la faire agir autrement qu'elle agirait, si elle délibérait elle-même sur ses propres intérêts ; ne nous écartons pas de ces grands principes.

Que ferait la nation si elle délibérait elle-même? J'ose l'affirmer sans craindre le contredit, elle rejeterait ce budget. 1° Parceque cette loi de finances est dérogatoire à l'esprit de nos lois fondamentales, que l'on invoque si souvent, que l'on n'observe que dans le cabinet du monarque (1).

2°. Parce que son adoption n'apporte aucune espèce de remèdes à nos maux, qui seront aggravés par son exécution.

3°. Parce que la négociation des rentes est un moyen de crédit bâtard et illégitime, et que la négociation anglaise que l'on veut faire est impolitique; parce qu'elle ne fait pas rentrer en France le numéraire, et ne suppléera pas à sa disparition (2).

---

(1) *Voyez* mon *Adresse à la Chambre des Députés.*

(2) Quelle que soit la confiance que le gouvernement accorde à l'astucieuse Angleterre, la nation ne l'imitera pas.

L'ancienne France, comme la France d'aujourd'hui, a toujours vu dans l'Angleterre une *dangereuse amie;* le gouvernement de Louis XVI partageait cette opinion. M. de Lamoignon de Malesherbes disait au roi, en 1775:

« Le peuple français sent tout le poids de ses charges; mais il sent aussi la nécessité de repousser les insultes d'une nation jalouse de notre gloire, avide de nos richesses et de notre commerce, enhardie par notre patience, et devenue redoutable par la liberté qu'elle s'est donnée de violer la foi des traités, et d'enfreindre toutes les lois. »

Il n'existe en France qu'une opinion relativement à

4°. Parce que nous ne devons pas une somme assez considérable pour nous mettre dans les griffes du léopard, pour avoir recours à des moyens aussi extraordinaires; car environ deux milliards cinq cent millions ne sont pas une charge énorme pour la France, qui pourrait se libérer facilement, si l'on tirait parti de ses ressources et de ses revenus (1).

---

l'Angleterre, dont on se rappelle encore la *négligence* près de l'île d'Elbe. En frondant cette opinion générale, le gouvernement entretiendra la division des partis, et nous préparera un cruel avenir. Les gouvernemens ignorent que les fautes d'un moment ont de terribles conséquences.

(1) La commission de la liberté individuelle a commis une grave erreur, en disant dans son rapport :

« Les puissances alliées ont prouvé par leurs actions, encore plus que par leurs paroles, leur intention sérieuse d'assurer le repos de la France, et de lier ainsi ses destinées à l'intérêt commun de l'Europe. Elles avaient calculé sans doute sur l'abondance et la richesse des productions de notre sol, sur les ressources de notre commerce, sur l'essor de notre industrie, pareil à celui qu'on lui avait vu prendre à la fin de 1814. »

J'observerai que les puissances alliées n'ont pu compter sur l'essor de notre industrie et les ressources de notre commerce, puisqu'elles leur ont porté un coup funeste, en exigeant, *avec intention*, d'énormes contributions en *numéraire ;* car l'Angleterre, qui a

5°. Parce que ce système est une imitation servile du *fameux* système anglais qu'admi-

---

joué le principal rôle dans les négociations ne l'a pas diminué; elle n'ignore pas qu'une nation sans signes représentatifs et de convention, sans moyens d'échange, languit et s'épuise.

« *Les événemens ont trompé ces calculs;* l'industrie et le commerce français sont, comme celui de l'Europe, dans un état de langueur et de stagnation. »

Le résultat de ces calculs était facile à prévoir; cet état de langueur et de stagnation provient de la conduite insensée et impolitique des alliés, qui en ressentent les contre-coups. (*Voir* la page 57.)

« Les soins du gouvernement, et surtout l'activité du commerce, préviendront certainement toute disette, mais n'obvieront point à la cherté. »

Le gouvernement, par de bonnes et sages mesures, pourrait obvier à la cherté; car, dans beaucoup de marchés, le blé se vend au prix fait, sans marchander, et la malveillance préside à ces ventes. *Si l'activité du commerce doit prévenir toute disette*, nous verrons donc infailliblement une famine en France; car je n'aperçois point l'activité du commerce depuis le Rhin jusqu'au Finistère, depuis le Pas-de-Calais jusqu'aux Bouches-du-Rhône. Son état devient, *au contraire*, de plus en plus critique, et notre commerce maritime est entravé par des excursions étrangères.

Il est évident que, si nous continuons d'établir de faux principes, nous tirerons de fausses conséquences qui amèneront de déplorables résultats rent les esprits superficiels, mais que les hommes sages regardent comme contraire à tous les principes, et destructeur de l'industrie; parce que le système anglais, bien loin d'être la cause de la richesse factice de l'Angleterre, contribue à la précipiter vers sa chute, en paralysant son industrie, en élevant le nombre de ses pauvres à près de deux millions, en fomentant des troubles.

Donc les députés, sans s'écarter de leurs devoirs, ne peuvent accepter ce budget; ils oublieraient alors qu'ils sont des fondés de pouvoirs; que leur délibération ne leur est point personnelle, mais subordonnée à la volonté de leurs concitoyens, et soumise à l'influence de l'opinion publique, dont ils doivent être les interprêtes près du gouvernement.

Les impositions indirectes sont en horreur en France; la classe nombreuse des individus, soumise à leur exercice, en demande depuis long-temps la suppression. Cette demande est appuyée par tous les consommateurs, puisque ces impôts augmentent la valeur vénale des choses consommables; on peut assurer que les $\frac{99}{000}$ des contribuables de la nation s'opposent au maintien de ces droits.

On se rappelle avec quel enthousiasme cette

proclamation : *Plus de droits vexatoires !* fut accueillie, en 1814, par toutes les classes du peuple. On sait que leur rétablissement exaspéra les esprits contre le gouvernement, en janvier, février et mars 1816.

Tous les propriétaires, les commerçans, les capitalistes, se récrient contre la perception excessive des droits d'enregistrement; les plaideurs se plaignent de l'énormité des frais judiciaires, etc. Telle est l'opinion qui doit diriger les délibérations d'une chambre des députés chargés de défendre *les droits des citoyens*, et d'agir dans l'*intérêt de tous.*

On m'objectera, sans doute, que la suppression des impôts indirects laisserait sans emploi un nombre considérable d'individus; cette objection est la seule qui aurait quelque fondement : mais un gouvernement éclairé, des hommes d'état, ne peuvent être arrêtés dans leur marche par d'aussi faibles obstacles. Quand il s'agit du bonheur de 25 millions d'individus, quand on veut faire le bien, on trouve des remèdes pour tous les maux.

Le peuple débourserait, en 1817, près de 900 millions, en comprenant les frais de perception *qui ne figurent pas sur les budgets*, et que l'on peut évaluer de 120 à 130 millions.

Les impositions indirectes enlèvent au moins 40 millions; la perception d'un nouveau système plus direct n'exigerait pas 50 millions; la différence serait donc de 70 à 80 millions en bénéfice réel. Il serait facile de destiner une somme de 30 millions (plus ou moins) pour fournir à tous les employés une retraite pendant un an, c'est-à-dire, jusqu'en janvier 1818. Cette retraite serait graduée de 1000 à 2000 à 3000 francs, etc., selon le rang des employés de toutes classes. Il resterait encore, en 1817, une économie de 40 à 50 millions au moins, somme importante.

Si le gouvernement proscrivait les *demi-mesures*, qui sont tout-à-fait incompatibles avec notre situation actuelle, et s'il exécutait des *mesures générales*, il est évident que la misère publique cesserait, que le calme se rétablirait, que les ouvriers retrouveraient l'usage de leurs bras, les commerçans, les manufacturiers, l'activité de leurs opérations; et cette activité, successivement accrue, occuperait tous les individus sans emploi, comme avant l'établissement de ces droits. Malgré ce sacrifice énorme, commandé par la conservation des traitemens des employés pendant un an, le peuple y gagnerait encore considérablement : son vœu serait rempli; et, en 1818, par l'effet des *mesures générales*, sa position serait singulièrement améliorée.

Avec des *demi-mesures*, le gouvernement perdra l'État; avec des *mesures générales*, il le sauvera. Il ne suffit pas de travailler le peuple en finances, il faut veiller à la conservation de ses moyens d'existence. Un gouvernement qui agit dans l'intérêt de tous, se fait l'ami du peuple, le nombre des séditieux et des mécontens diminue sensiblement; alors plus de lois temporaires, plus de dérogation à l'esprit des lois fondamentales.

Notre système de finances est d'autant plus vicieux, que les impôts indirects fourniront cette année un faible produit; car le résultat est établi sur les bases de celui de 1816. On sait que *la classe entière du bas-peuple* ne consommera pas, puisqu'elle peut à peine se procurer du pain; et en 1817, les riches venant au secours des pauvres, restreindront encore leur dépense. Il y aura diminution considérable dans la consommation, et par conséquent *déficit énorme dans les recettes*; de là, *une nouvelle dette publique*. En 1818, (si nous arrivons à cette époque), le budget, au lieu d'être de 800 millions comme en 1816, de

1088 comme en 1817, sera de 12, 13 ou 1400 millions. *Nos charges augmenteront*, et *NOS RESSOURCES S'AFFAIBLIRONT*.

Que l'on négocie 20 à 30 millions de rentes; que l'on adopte et exécute ce système de finances; je le demande: *la misère publique cessera-t-elle*, le commerce et l'industrie reprendront-ils leur activité; la faculté de consommer sera-t-elle rendue aux propriétaires? Non, sans doute. Ce système ne vaut donc rien; il n'est même pas un palliatif, puisqu'il aggrave nos maux.

Le rapporteur de la commission a observé *que la contribution foncière est payée avec ponctualité*. Ce paiement n'est effectué que par la crainte des saisies et des garnisaires; il ne faut pas l'attribuer au bon esprit et au dévouement des contribuables, qui sont ennuyés d'être continuellement surchargés, en voyant que leurs sacrifices ne leur apportent aucun espoir d'amélioration dans leur situation.

Le gouvernement reste à cet égard dans une véritable apathie. Il ne s'occupe nullement des moyens d'activer le commerce, l'agriculture, l'industrie, qui sont les sources de la richesse nationale. Les écrits les mieux raisonnés, qui depuis deux ans ont été publiés sur les finances, ont tous proposé ce but, qui est en effet le *seul* que le gouvernement doive atteindre. J'ai eu cette intention en présentant dans mon *Essai philosophique*, un *système complet, fondamental et perpétuel.* Soit que le gouvernement suive la route que j'ai tracée, soit qu'il écarte les obstacles qu'il croirait y rencontrer, soit qu'il trace une nouvelle route plus courte et plus praticable, il ne peut se dispenser de marcher vers ce but; s'il en était autrement, on pourrait dire avec raison: *le gouvernement conspire contre lui-même et contre l'état.*

Les mécontentemens se généralisent; il est temps de tarir la source des séditions, et de songer au bonheur du peuple. L'organisation de notre administration est défectueuse. Nos ministres ne sont que des automates placés sur la mécanique administrative, dont les rouages en mauvais état, leur communiquent de faux mouvemens; c'est-à-dire, pour parler le langage idéologique, qu'ils recoivent de fausses perceptions des sensations du corps politique.

Si un particulier est tyrannisé, on lui dit: plaignez-vous au ministre. Il écrit, un pigeon d'Alexandrie rencontre en chemin la dépêche, la prend et la porte à Damas; le ministre n'en voit rien, le plaignant ne reçoit aucune réponse. Si la lettre arrive à sa destination, on demande des renseignemens à l'administrateur local, qui, devenant juge et partie, confirme le premier jugement. Le pauvre plaignant est mécontent, il crie à l'infamie; le ministre avili, perdant de sa dignité, n'est que l'écho de l'administrateur local, et commet, souvent sans le savoir, une injustice révoltante. On dit que le roi doit nommer aux fonctions civiles, judiciaires et militaires; j'en conviens; mais le roi sait-il si M. Paul est capable de remplir la place de maire ou de percepteur à Fréjus ou à Saint-Jean-Pied-de-Port. Le ministre présente le candidat, le roi nomme; le roi et le ministre n'ont jamais connu M. Paul; ils ignorent si c'est un fripon ou un honnête homme, un royaliste ou un jacobino-terroriste. Toutes ces nominations sont idéales; les candidats sont désignés par les maires, les sous-préfets, les préfets, sur le vaste champ de l'intrigue. Le gouvernement connaît-il bien les besoins et la situation desdépartemens? Je dirai encore : non.

Les citoyens sont-ils opprimés? Ils disent : *si le roi le savait : le roi ne sait pas tout cela;*

alors on accuse le ministre ; mais le ministre n'étant pas plus instruit que le roi, de ce qui se passe à cinquante, cent, cent-cinquante lieues de la capitale, il en résulte que les petits magistrats jouent le rôle de sultans.

La chaîne de l'administration est rompue ; il lui manque des anneaux, et je conclus que d'après son organisation actuelle, le roi n'est pas le chef de l'état ; les ministres sont des automates ; le corps ministériel, le point d'appui d'Archimède ; les magistrats, de petits despotes ; les citoyens, des battus, qui paient l'amende ; le peuple un troupeau de bêtes de sommes, fouetté, surchargé et sans nourriture. Les administrés enfin pourraient dire comme Thémistocle : *frappe, mais écoute ;* on frappe, mais on n'écoute pas.

Quel est l'homme assez hardi pour prétendre qu'il ne faut pas innover ? Si nous voulons être heureux, il est temps de rendre au roi le pouvoir de faire le bien, à nos ministres toute leur dignité, afin qu'ils puissent s'occuper des grands intérêts de l'État, en déléguant à des administrations intermédiaires tous les misérables details qui encombrent leur cabinet, et leur font perdre un temps précieux qu'ils pourraient beaucoup mieux employer.

Un orateur a observé (dans la séance du 4 février) que le budjet a été créé par une commission composée d'hommes éclairés. Je remarquerai que le ministère et cette commission n'ont représenté que le budjet de 1816, c'est-à-dire le système suivi par nos ministres depuis plusieurs siècles, en ajoutant simplement une émission de rentes pour couvrir la différence entre les limites des charges et le montant des dépenses. La commission a rempli sa mission financière, en se bornant à pourvoir à l'augmentation des dépenses; mais le gouvernement a d'autres devoirs à remplir. Il ne doit pas se borner à atteindre un but fiscal, mais à faire coïncider les *besoins du trésor avec les besoins des contribuables*. Tel est le nœud gordien qu'il avait à délier, et pour y parvenir, au lieu de tâcher de le dénouer, il fallait trancher et le couper, et ne pas employer des moyens dont l'expérience nous démontre l'insuffisance.

L'excédent des besoins ne provient-il pas évidemment de la défectuosité de notre système de finances? car, s'il n'était pas vicieux, il n'y aurait pas eu de *deficit* : preuve péremptoire, preuve incontestable de la nécessité absolue de changer notre système, puisqu'il n'est pas établi sur le grand principe du *nivellement des recettes et des dépenses.* Les hommes instruits n'ignorent pas que c'est l'oubli de ce principe, qui, depuis les règnes de Louis XIII et de Louis XIV, nous a conduit de *deficit* en *deficit* jusqu'en 1790, et de 1790 jusqu'en 1817. Ces *deficits* sont de terribles effets dont on trouve les causes dans le système français. Or, *pour détruire les effets, il faut détruire les causes; les mêmes causes produiront dans tous les temps les mêmes effets.*

On ne peut certainement suspecter les intentions du ministère; le reproche le plus fondé que l'on puisse lui faire, serait celui de suivre trop servilement la routine ordinaire, et de trop s'effrayer des obstacles qui ne doivent jamais épouvanter des hommes d'état, lorsqu'il s'agit du salut de la patrie et du sort de plus de vingt-cinq millions d'individus; lorsque l'on connaît enfin de quelle importance est l'influence que les finances exercent sur la stabilité des gouvernemens.

Le ministère voit l'avenir sous des couleurs trop favorables; le prestige l'éblouit : il court après un fantôme prêt à s'évanouir, et dont la disparition lui causera des regrets. La source des impôts sera bientôt tarie en France, mais on ne verra pas tarir la source des larmes versées par le malheur.

Les opérations financières du ministère sont calculées comme dans des temps heureux; nous avons sous les yeux le tableau de 1816. Les fondemens étant mal établis, l'édifice élevé sur de telles bases, quelque majestueux qu'il soit, sera détruit par la première secousse.

Mes opinions diffèrent sans doute de celles de quelques députés trompés, comme le ministère, par une perfide illusion qui nous prépare de grands malheurs; mais je desire ardemment que l'*expérience de* 1817 *ne réalise pas mes prédictions;* car je préfère le bonheur de mon pays *au vain amour-propre, à la douloureuse satisfaction d'avoir prédit l'avenir.......*

J'ai déjà publié deux ouvrages dans l'intérêt de mon pays et de mon gouvernement; j'ai dit de grandes vérités reconnues par tous les gens de bien; *je suis persuadé néanmoins que l'on ne m'écoutera pas :* telle est *l'étiquette* des gouvernemens qui croient ne devoir jamais faire attention aux écrits des bons citoyens, parce que les vérités qui y sont consignées contrastent avec les faussetés débitées à leurs oreilles.

Si les hommes en place disent *tout va bien,*

qu'un homme obscur dise *tout va mal, il faut un prompt remède*, le citoyen obscur est regardé comme un fou, *par étiquette*; car, le considérer comme un homme raisonnable, ami de l'ordre et du bien public, ce serait déroger à l'usage, secouer le joug de l'habitude, de la routine et des préjugés. Si j'étais un séditieux, un conspirateur, je me tairais et je jouirais secrètement du plaisir prématuré de voir réaliser mes espérances......

Ils sont conspirateurs indirects contre l'Etat, le gouvernement, le roi, sa famille, le bonheur public, la prospérité nationale, ces hommes qui prétendent *qu'il ne faut pas déranger le monde, mais laisser tout comme il est*; ces hommes qui, dans des temps aussi critiques, déguisent la vérité au roi et aux ministres. Ne rien innover, c'est vouloir renverser le gouvernement qui, bien loin de se consolider, marche à grands pas vers sa perte.

Si en écrivant avec franchise, j'eusse publié en janvier 1815, mes réflexions sur l'avenir, on m'eût regardé comme un fou; mais *au 21 mars*, on m'eut considéré comme un fou bien raisonnable, plus raisonnable que beaucoup d'autres fous. O gouvernemens! que vous êtes aveugles! C'est sans doute de vous que l'Ecriture-Sainte a voulu parler...... *habent aures et non audibunt, oculos habent et non videbunt, pedes habent et non ambulabunt:* En effet, le gouvernement ne voit pas, n'entend pas et ne marche pas.

NOUS AVONS UN BON ROI, DE BONNES LOIS FONDAMENTALES; NOUS AVONS TOUT CE QU'IL NOUS FAUT....... IL NOUS MANQUE BEAUCOUP DE CHOSES.

Telle est l'énigme dont je propose la solution aux ministres, aux députés, aux magistrats, aux citoyens; la reconnaissance publique sera la récompense du sphynx ; le bonheur de la France sera le résultat de l'application de cette découverte.

FIN.

www.ingramcontent.com/pod-product-compliance
Ingram Content Group UK Ltd.
Pitfield, Milton Keynes, MK11 3LW, UK
UKHW021049200726
13857UKWH00003B/866